T0322743

The Withering World

Selected Poems

Sándor Márai

Translated by John M. Ridland
and Peter V. Czipott

Foreword by Tibor Fischer

ALMA CLASSICS

ALMA CLASSICS
an imprint of

ALMA BOOKS LTD
London House
243-253 Lower Mortlake Road
Richmond
Surrey TW9 2LL
United Kingdom
www.almaclassics.com

This translation first published by Alma Classics in 2013

Supported using public funding by
**ARTS COUNCIL
ENGLAND**
LOTTERY FUNDED

The translation of this work was supported by a
grant from the Petőfi Literary Museum and the
Hungarian Books & Translation Office.

HUNGARIAN BOOKS
AND TRANSLATIONS
OFFICE

Printed and bound by CPI Group (UK) Ltd, Croydon, CR0 4YY

ISBN: 978-1-84749-331-6

Contents

Foreword by Tibor Fischer   IX

The Withering World   1

SCRAPBOOK [EMLÉKKÖNYV]   3
    Monologue [Monológ]   5

HUMAN VOICE [EMBERI HANG]   7
    America [Amerika]   9
    The Adventurer [A kalandor]   11
    The Balance Scale [Mérleg]   13
    Mother [Anya]   15
    Goethe's Mother's Grave [Goethe anyjának sírja]   17
    Matter [Anyag]   17
    Psalm [Zsoltár]   17
    Sentimentality [Szentimentalitás]   19
    Withering World: Dedication [Hervadó világ: ajánlás]   21
    The Withering World [A hervadó világ]   21
    Progenitors [Ősök]   27
    Progeny [Sarjak]   29
    The Prophet [Próféta]   31
    Settling Scores with Time [Leszámolás a perccel]   31
    Ballad of a Spinster Schoolmistress [Ballada egy   33
    öreg tanítónőről]
    The Relative Speaks [A rokon szól]   35
    The Awakening Goddess [Az ébredő isten]   37
    Credo (quia absurdum)   41
    The Passing View [A múló tájak]   43

LIKE A FISH OR A NEGRO [MINT A HAL VAGY A NÉGER]   45
    I'm a Witness [Tanú vagyok rá]   47
    Self-portrait [Mellportré]   51
    Simple-Minded Poem in an Express Train   51
    [Együgyű vers gyorsvonatban]

Thirty Years Old [*Harminc*]   53
Refugee Refrain [*Menekülő*]   55
Cassovia   59
Father [*Apa*]   65
Hungarians [*Magyar emberek*]   67
Undressing Song [*Vetkőző*]   69
Mikó Street [*Mikó utca*]   71
On the Death of a Poet [*Költő halálára*]   71
Love Flower Song [*Virágének*]   73
The Sleeping Pill (Luminal) [*Luminál*]   75
Inquisitively Awaiting the Vultures [*Kíváncsian*   77
   várom a keselyűt]
June Morning [*Júniusi reggel*]   79
Boulevard   81
The Waiters Are Dining [*A pincérek ebédelnek*]   83
Unknowable Lover [*Idegen szerető*]   87
Star [*Csillag*]   89
Epic of the White Mice [*Hősköltemény a fehér*   89
   egerekről]

BOOK OF VERSES [VERSES KÖNYV]   97
One [*Egy*]   99
Two [*Kettő*]   99
Three [*Három*]   101
Four [*Négy*]   101
Five [*Öt*]   101
Six [*Hat*]   103
Seven [*Hét*]   103
Eight [*Nyolc*]   103
Nine [*Kilenc*]   105
Ten [*Tíz*]   105
Eleven [*Tizenegy*]   105
Twelve [*Tizenkettő*]   107
Thirteen [*Tizenhárom*]   107
Fourteen [*Tizennégy*]   107
Fifteen [*Tizenöt*]   109
Sixteen [*Tizenhat*]   109
Seventeen [*Tizenhét*]   109
Eighteen [*Tizennyolc*]   111
Nineteen [*Tizenkilenc*]   111
Twenty [*Húsz*]   111

Twenty-one [Huszonegy]   113
Twenty-two [Huszonkettő]   113
Twenty-three [Huszonhárom]   113
Twenty-four [Huszonnégy]   115
Twenty-five [Huszonöt]   115
Twenty-six [Huszonhat]   115
Twenty-seven [Huszonhét]   117
Twenty-eight [Husonnyolc]   117
Twenty-nine [Huszonkilenc]   117
Thirty [Harminc]   119
Thirty-one [Harmincegy]   119
Thirty-two [Harminckettő]   119
Thirty-three [Harminchárom]   121
Thirty-four [Harmincnégy]   121
Thirty-five [Harmincöt]   121
Thirty-six [Harminchat]   123
Thirty-seven [Harminchét]   123
Thirty-eight [Harmincnyolc]   123
Thirty-nine [Harminckilenc]   125
Forty [Negyven]   125
Forty-one [Negyvenegy]   125
Forty-two [Negyvenkettő]   127
Forty-three [Negyvenhárom]   127
Forty-four [Negyvennégy]   127
Forty-five [Negyvenöt]   129
Forty-six [Negyvenhat]   129
Forty-seven [Negyvenhét]   129
Forty-eight [Negyvennyolc]   131
Forty-nine [Negyvenkilenc]   131
Fifty [Ötven]   131
Fifty-one [Ötvenegy]   133
Fifty-two [Ötvenkettő]   133
Fifty-three [Ötvenhárom]   133
Fifty-four [Ötvennégy]   135
Fifty-five [Ötvenöt]   135
Fifty-six [Ötvenhat]   135
Fifty-seven [Ötvenhét]   137
Fifty-eight [Ötvennyolc]   137
Fifty-nine [Ötvenkilenc]   137
Sixty [Hatvan]   139
Sixty-one [Hatvanegy]   139

Sixty-two [Hatvankettő]   139
Sixty-three [Hatvanhárom]   141
Sixty-four [Hatvannégy]   141
Sixty-five [Hatvanöt]   141
Sixty-six [Hatvanhat]   143
Sixty-seven [Hatvanhét]   143
Sixty-eight [Hatvannyolc]   143
Sixty-nine [Hatvankilenc]   145
Seventy [Hetven]   145
Seventy-one [Hetvenegy]   145
Seventy-two [Hetvenkettő]   147

GLEANINGS [TARLÓ]   151
Finger Exercises [Ujjgyakorlat]   153
Amen [Ámen]   163
Simile [Hasonlat]   163
Thee and Thine: The Familiar Form [Tegezés]   165
For a Young Lady's Album [Egy úrleány   165
    emlékkönyvébe]
Ditty [Dalocska]   167
Hymn [Himnusz]   169
The Dolphin Looked Back [A delfin visszanézett]   171
Funeral Oration [Halotti beszéd]   175
Peace in Ithaca: Prelude [Béke Ithakában: Elő-ének]   179
Angel from Heaven [Mennyből az angyal]   179
Manhattan Sonnets [Manhattani szonettek]   185
Untitled   193
Product [Szorzat]   195

UNKNOWN CHINESE POET OF THE TWENTIETH CENTURY AD   197
[ISMERETLEN KÍNAI KÖLTŐ KR. UTÁN A XX. SZÁZADBÓL]
Translator's Note [A Fordító Jegyzete]   199
He Intends This as a Proposition [Ezt ajánlásnak   201
    szánta]
He Complains about the Country Life [Panaszkodik   201
    a vidéki életre]
He Thinks He's in Love [Azt hiszi, szerelmes]   203
He Promises All Sorts of Things [Mindenfélét igér]   203
He Speaks about His Situation [Beszél   203
    életkörülményeiről]
He Describes How He Lives [Elmondja, hogyan él]   205

No Mean Thing: He Conquers His Pride [*Nem*   205
   csekélység: leküzdi gőgjét]
He Calls Her a Wonder [*Tüneménynek nevezi*]   205
He Also Speaks about Keeping Silent [*A hallgatásról*   207
   is beszél]
He Wakes up, Restless in His Mind [*Felébred és*   207
   nyugtalan]

UNCOLLECTED POEMS   209
   Wolf Meadow Cemetery in Buda [*Farkasrét*]   211
   The Sky [*Az ég*]   213
   In Kassa [*Kassán*]   215
   Where Am I? [*Hol vagyok?*]   215

NOTES   217

Extra Material   223
Sándor Márai's Life and Works   225
The Place of Poetry in Márai's Career   234
Translators' Note   236

Index of Poem Titles in Hungarian   239

Foreword

"I am not a poet," Márai insisted. That would seem to settle it, but it has to be remembered that Márai had exceptionally high standards and he was playing with prosody at a time of exceptional fecundity in Hungarian poetry. He was the contemporary of Attila József (considered by some as the greatest of all Hungarian poets), Mihály Babits, Dezső Kosztolányi, Sándor Weöres, Miklós Radnóti, János Pilinszky, poets who are the match of any of the better-known names of the last century such as Auden, Eliot, Celan, Pound, Larkin.

Márai modestly owned up to having composed some respectable "verse", and despite being primarily a prose writer, he did come up with two of the most popular Hungarian poems, 'Funeral Oration' and 'Angel from Heaven'. So: not a poet, but a writer of poetry.

'Funeral Oration' is a hit with both the public and the professors of literature, while 'Angel from Heaven' is one of the most recited poems about the crushed 1956 revolution, and very untypical of his œuvre in its sentimentality (more emotional than most of his work, more emotional than much of his writing about the Second World War, but perhaps because he wasn't there in Budapest in 1956 to witness the carnage).

Born in 1900 in the Austro-Hungarian town of Kassa (which was to change its name and nationality a few times in the coming decades), Márai committed suicide in San Diego at the age of eighty-eight. He rode the twentieth century in a way few managed. His first story was published when he was fifteen, and while still a teenager he experienced world war, epidemic, a revolution and exile. He was in Paris when it was the most exciting city to live in, and in Berlin when it was the place to avoid. He weathered the Second World War in Budapest, and when the Communists came to full power in 1948 he chose exile, including a stint in the most powerful city in the world, New York.

For me Márai is the great Hungarian writer of prose, and I consider even that untranslatable, so I'm glad I didn't have to attempt this job. Márai's relations with his fellow Hungarians were often thorny (it's hard to be an outstanding writer without upsetting people and their pet complacencies), but his love for the Hungarian language never wavered, and he could have had a much easier, more remunerative life if he had switched to German, a language in which he was fluent, also as a writer.

In addition to the difficulties of language, there is the question of experience. Márai doubted whether anyone who had not been through the ordeal of the Budapest siege in 1944, on which he reflects in *Book of Verses* – when the Russians and Germans fought over the capital – could understand what it was like (35,000 civilians died). In the poetry, as in his prose, Márai ruminates on the fate of the Hungarians. The inter-war period was a time of chest-thumping, heavily brocaded jingoism, but Márai's judgement is always severe, mordant. He chided his fellow citizens for not resisting the Nazis more forcefully, then deplored those Jews who worked as thugs for the Communists.

'Funeral Oration' is considered Márai's poetic masterpiece. The earliest literary text in Hungarian, from the twelfth century, is a brief funeral oration. The first line is "With your very eyes, my brethren, you see what we are" and Márai's appropriation is an attempt to reap Hungarian literature and the experience of the nation, which again and again in its history involved exile or emigration as a result of a failed revolution or military disaster. Hungary's minor involvement in the NATO bombing of Serbia in 1999 was its first successful military endeavour in hundreds of years (and, cruelly, the bombs often fell on ethnic Hungarians in Novi Sad).

Márai packs the country's great creators into 'Funeral Oration': Bartók, the painter Rippl-Rónai, the writers Arany, Petőfi, Vörösmarty, Babits and Krúdy, as well as scattering elements of his own life, his flat in Mikó Street. The injunction "Keep Smiling" is in English in the original and is a good example of Márai's style: the slippery simplicity. The words couldn't be simpler, but what does it mean? You get this, reading Márai: you come across a simple phrase or sentence, you digest it, but a few minutes later you're thinking – no, what does he *really* mean? Keep smiling. Is it ironic? If it is, how ironic is it? Or is it simply the only dignified response to tribulation?

'Angel from Heaven' is one of the most popular Christmas carols in Hungary, and Márai's homonymous poem was written just after the last manifestations of the 1956 revolution were being swept away by Soviet troops and those Hungarian Communists still willing to work for them. Some 200,000 Hungarians fled to the West, while those who stayed faced arrest or worse: hundreds were executed. Márai, like many others, was outraged by the brutality of the Soviets and the inaction of the West.

These two poems contrast with the earlier 'Hungarians', one of my favourites, written when Márai was twenty years younger and had a more sardonic view of his compatriots, who have "revolvers in their hands for no reason" and "who are buried at the consulate's expense": the cavalier hussars and hustlers of operetta. Those who know something of Hungary's history and culture will find Márai's verse illuminating, while those who don't, I hope, can still enjoy his artfulness.

Being a Hungarian writer is a hazardous, often lethal job. Hungary's literature is littered with talent who gave up (József, for example, although he had excellent reasons to give up), were butchered, drank themselves away, sullied themselves or just plain, good-old-fashioned sold out. Aside from the permanence of his writing, I admire Márai because of his diamond hardness: he only yielded, finally, when he was old, ill and alone, shooting himself in the head, having first masked himself with a bag, so there would be less mess.

Márai's ashes were scattered in the Pacific, so he has no gravestone. If he did I think this would work: "Sándor Márai, Hungarian writer. 1900–89. Unbowed. Undefeated".

– Tibor Fischer

The Withering World

Scrapbook
[*Emlékkönyv*]
1918

FORMA
1914

Monológ

Akarok még hinni az életemben
s a mások életében – akarom,
hogy izmos és erős legyen karom
s földaloljak egy lobogó „igen"-ben.

Mert megbocsátottam mindenkinek
s szeretném, hogy nekem is megbocsásson,
ki tettenért a pózon és csaláson
és ne vádoljon többé senki meg.

A múltat én elhordozom magammal
új életemre, mint zsákját a vándor:
hogy éltem egyszer én, Márai Sándor,

S emlékeimmel elmotozva élnék,
mert amit érdemeltem, rámtalált:
kaptam egy életet és egy halált.

FORM
1914

Monologue

I want to have faith in my livingness
and in the lives of others – and I long
for my arm to be muscular and strong,
and to sing out a banner-waving "Yes!"

Because I have forgiven everyone
I'd like it if they'd also forgive me,
who catch me posing falsely – let it be –
and never be accused by anyone.

I'll carry the past away with me into
my new life, like a nomad's pack: that I've
lived: I, Sándor Márai, was alive,

And I would live to rifle my memories,
for what I've earned has tracked me on my path:
one life I have been given, and one death.

Human Voice
[*Emberi hang*]
1921

Amerika

*Néhány magyar író és költő érintkezésbe
lépett egy angol társasággal, hogy a
kivándorlás feltételeit megtudják...*

(EGY ÚJSÁGHÍRBŐL, 1919)

A csillagokon keresztül invokállak Amerika, távoli földrész,
(mert idegen néha a szülőhazád és közeli a táj, mit nem lát soha),
zengő fiatal lírát lélegzek feléd, húszévesek meleg pátoszát
küldöm forró hullámban partjaid köde felé –
Jaj, nehezen oszlik a köd! A tenger párolog egyre,
homályos nappalainkból feketén gomolyg föl az éj.
Sós ízét a szeleknek kapjuk mi csak itt – tefeletted
bontott felhős eget is, vájt dagadó hullámba öblöt
s legette húsz emelet magasban pálmáid lombját.
Zöldell kétezer éves kultúránk aranykupolája –
és virít a penész házaink stilizált ereszén –
termés hajló kalásza zöldül földetek síkján
s enyhe tavasz melegét lélegzi zsenge vetéstek.
Fogyóban olajunk, utcáink sötétek, az éjben
egy lépést léptünk előtt világit csak éppen a lámpás –
messziből idevakít New York City sugára,
reklámcsóvákkal keringő, izzó elektromos napotok –
Könyveink felett gubbasztunk s enervált kezekkel
lapozzuk lapjaikat. De kőszenünk mind kevesebb.
Nem adnak enni a könyvek s finnyás idegeinkben
elfonnyad Hellas és Egyiptom fölszívott múltja.
Bábelünk málladozik s tornyából feléd kiáltunk

8

America

A few Hungarian writers and poets
contacted an English company to learn
about the requirements for emigration…
(FROM A NEWSPAPER ITEM, 1919)

Through the stars I invoke you, America, distant continent
(for sometimes one's birthplace is alien and the land never seen, familiar),
I breathe resounding youthful lyrics towards you, sending the warm pathos
of twenty-year-olds in hot waves towards your fog-bound shores –
Alas, the fog dissipates reluctantly! The sea keeps on evaporating
and night swirls blackly up in our dim parlours.
We only detect the wind's salty taste here – you see the cloudy sky
open up above you, too, and the troughs it scoops in the swelling waves
and, twenty storeys up, the palm trees' fronds that it sways.
The golden domes of our two-millennial culture grow a green patina –
and mildew spreads beneath our houses' stylized eaves –
while the harvest's bending ears grow green on your prairie
and your tender shoots inhale the warmth of mild spring.
Our oil runs out, our streets are dark; at night
the lantern barely lights one pace ahead of our stride –
from afar, the rays of New York City blind us here,
the glowing electrical suns of your waltzing marquee lights –
We crouch over our books and turn their leaves
with enervated hands. But our anthracite supply keeps dwindling.
Books don't feed us, and the past we've absorbed from
Hellas and Egypt wilts in our finicky nerves.
Our Babel is crumbling and from its tower we,

Ígéret földje, Kánaán, egy új generáció:
A termő medencét vágyjuk, a Kertet, hol összepihennek
a Bárány és az Oroszlán, az ős törvény betelik.
Szíksót izzad a puszta munkánk nyomán itt – hiába
didergünk vegyi konyhák hűlt lombikjai között.
Új földet adj, Sorsosztó, új munkát és hazát is,
hazátlan kergetett új húszéveseknek, nekünk.
Fogadj be, boldog földrész; hajóid öble teljék
embertestekkel újra s kivándorlók dalával
dagadjon esti tenger dagálya Nyugat felé:
világot átfogó hullám reng át a légen,
fogd fel, Amerika! Antennád megremegjen!
A magyar Hortobágy s a pirenneusi sziklák
felkönyörögnek: „S.O.S." – Mentsd meg a lelkeinket.

A kalandor

Én nem akartam, jaj, ki hiszi el nekem,
én nem akartam modern ember lenni
pizsamában, szakálltalan arccal feküdni végtelen éjeken
az ágyban, vagy bálba, irodába járni, parancsolni, inni, enni.

Én szívesebben lennék pásztor vagy vadász, vagy halász
a vizek mellett s a réteken, nem ilyen frakkos senki,
eltévedtem, higyjétek el,
a hit bennem fölénekel,
utolsó szegény valaki vagyok, s üres, mint a csépelt kalász.

A villamoslámpák is boldogabbak nálam,
ha fény övezi őket a hajlott rudakon, zöld özön,
egy szót sem értek abból, hogy mi az: közrend, állam,
mindehhez semmi közöm.

a new generation, cry out to you, Promised Land, Canaan:
We long for the Fertile Crescent, that Garden where Lamb
and Lion lie down together and the ancient law is fulfilled.
The wasteland sweats natron in the wake of our labours here – in vain
do we shiver among the idle alembics in the chemical kitchens.
Dispenser of Fate, provide new land, new work and a new homeland,
to us, newly twenty years old, homeless, driven out.
Let us in, O happy continent; let the ships in your bays
fill anew with human bodies and let the sea's high tide
at dusk swell Westward with the songs of emigrants:
A world-girdling wave vibrates across the skies:
get the message, America! May your antennas pick it up!
The Hungarian Hortobágy plain and the Pyrenean peaks
cry out, imploring: "S.O.S." Save our souls.

The Adventurer

I never wanted this, but oh, who will get me right? –
never wanted to be a modern man, a sport
in pyjamas, lying beardless, night after night,
to go to the office, command, drink, eat, cavort.

I'd rather be a shepherd or hunter, or go fishing
by the water-meadows, not this tail-coated nobody:
you better believe it, I have lost my way,
the faith strikes up in me to sing or say,
I'm the last poor soul, as empty as chaff after threshing.

Even the electric street lights are happier
than I, when a green light floods their crooked poles;
I don't grasp the meaning of a single word: the state, public order:
I don't cast myself in any of these roles.

Még egy hangya is jobban érdekel,
ha tojást cipel egy túrás felé, egy kis veréb,
ha csőrével csiripél, énekel –
minden diplomáciánál érdekesebb, ha fut a dombon lefele egy kerék.

Én unom már a shawlos betörőket a mozikban s a tengereket
a kasírozott hajókkal s a kifestett démoni nőket,
ájult unalommal nézem és élem őket,
szeretnék fix havi fizetést és egy gyereket.

Isten, e cifra éj reggel felé jár,
hallgasd meg most az imámat:
az én szivem ellágyult, nem kevély már,
engedd, hogy mégegyszer négylábon járjak.

Mérleg

Mert elmegy minden március
Nem tudja nálam ki se jobban
A kölyöklányok már fiús
Karjában anyák vére dobban

A fiúk szeme már apás
A víz nyugodt, lomb zöldbe duzzad
Kéregbe forr a harapás
A szó megrothad, hogy hazudjad

A hang halkabb, a kéz szelidebb
Két szemed hű, mint két szelid eb
Vagy néha gúnyos és kokett

Even an ant intrigues me more, to keep
watching it lugging an egg to the nest, or the fact
of a small sparrow using its beak to chirp and cheep –
a wheel rolling downhill's more gripping than a diplomat's tact.

The masked intruders in the movies bore me, and the seven seas
with their investment-backed ships and demonic women painted,
whom I gaze at and experience, bored and untainted;
I'd like a fixed monthly income and a child, please.

Lord, this fancy-dress night is heading towards the dawn,
hear now what my prayer implores:
my heart has softened, it's no longer so full-on:
let me walk once more on all fours.

The Balance Scale

Now every March passes, gone for good,
No one knows better than I, no one in the world.
Already the blood of motherhood
Beats in the tomboy arms of young girls.

The boys already have fatherly eyes.
Calm water. Leaves burst green. The bark –
While words are rotting so that you can lie –
Scars over a hard bite mark.

The voice is softer, the hand is calm.
Your eyes are faithful as a pair of tame
Dogs – or they mock and flirt, coquette.

S e sűrű, aszú és telített
Formákban életednek így lett
Tartalma korrekt és szonett.

Anya

Amit egy titkos kéz irat:
lágy arcod fonódott redője
bonyolult, fakult kézirat,
nézem, betűzgetem belőle:
mit írtak az évek, az élet?

Ez én vagyok, az én sorsom,
e mély sor a homlokodon:
bocsáss meg,
nem így akartam, ennyi lett,
ki sorsa ez, enyém, tied?
nem tudom.

Szobákban éjjel, idegen
tükrök előtt néha megállok:
nézd, anyám, fiad idegen
arcán indulnak már a ráncok,
hasonlók, mint a tieden,

és kopva, elomolva, mállva
két testünk visszaporlik lassan
egy testbe, egy porba, egy anyába.

This is what happens in forms so dense,
While the late harvest of your life, intense,
Is bottled and corked into a proper sonnet.

Mother

What a secret hand causes to be written:
the woven features of your softened face
are a knotty, faded piece of writing;
I look at it and the letters start to fall into place:
what is it that the years and life inscribed?

This is myself, this is my fate, also,
this deep line on your brow:
forgive me,
this is not what I chose, this is what came to be;
whose fate, my own or yours, is it I see?
I just don't know.

In rooms at night, in front of unfamiliar
mirrors, I stop, undone:
look, my mother, the creases on the unfamiliar
face of your son already have begun
to look like yours, so similar,

and – wearing, crumbling, flaking away –
both of our bodies turn slowly into dust –
into one body, one dust, one mother clay.

Goethe anyjának sírja

Húsz kölyköt vetnek házinyúl anyák: az oroszlán
sok vérrel s kínnal csak egyet. De az egy: oroszlán.
Nézd a nemes követ, finom vonala porlott, elomlott
az idővel. De a sír önti fel az ibolyát,
mérhetlen fauszti erővel, elemien, az időn, a poron át.

Anyag

Bocsássatok meg, én nem tehetek
magamról. Befontak e testbe.
Együgyű vággyal nézek, ügyelek, figyelek
szövetréseken át s az idő sugarát
lesem, mint lobban el a térbe, a mélybe, az estbe.

Zsoltár

A gyönyör fáj
Kéjes a bánat
Erős sodrával
Örökre árad
Ha elhord messze
Visszahoz egyszer
Mély folyóteste
Úgyse ereszt el
Partok dalolnak
A fák jó zöldek
Ne bántsd a csöndet
Ki gondja a holnap?

Goethe's Mother's Grave

Rabbit mothers in hutches hatch litters of twenty: the lion
with enormous blood and pain bears one: a lion.
Behold the noble gravestone, its fine lines crumbling away to dust
with time. But up from the grave a flood of violets is thrust
with infinite Faustian power, elemental, through time and dust.

Matter

Forgive me, but I can't break free from this swatch
of flesh. They have wrapped me up too tight.
With foolish longing I stare, I care, I watch
through slits in the tissues, I spy on the arrow of time
as it flashes away into space, into the deep, into the night.

Psalm

Pleasure brings pain
Remorse is prurient
With its fierce current
Its flood recurrent
If it sweeps you away
You'll be swept back some day
Deep body, back bay –
You're caught in their sway
There's song in the shallows
The green trees not grieving
The silence unnerving
Who cares for tomorrow?

Karikakörbe
Útját e görbe
Pályán tán járja a föld, talán nem
A célt ne kérdjed
A nap talán áll
Az élet régibb
A halálnál
Ámen

Szentimentalitás

Új szállás, hideg árnyak. Jó lenne délfele menni.
A gyertja lobog az asztalon. Nem jött levél, ujság. Semmi.

Női hang: „...megyek, várnak." Telefonon a szomszéd szobában.
Szőke nő, ismerem. Éjszaka hazamenőben láttam.

Alalin, Renan könyve, egy fogkefe... gyűrött, otthoni holmi,
ismerős szaga egy levélnek. Éjjel ki fogok csomagolni.

Idegen ágy... klisé: „hányan feküdtek már." Jó ágy, valódi
tölgy. Koporsófa. Jobb, mint a léha mahagóni.

Hideg a kályha. A zongora... egy hangot, ököllel! A gyertja lobban,
a csend riadt árnyakkal kavarog. Bútor visszhangoz a sarokban.

Az ablak szürke és fagyott. A homlokom körül megolvad.
Ne! Te! Meghallják! Harapd a szád! Majd holnap!

Berlin, 1919

In a ring, swiftly swerving
On its path, which is curving,
The Earth takes its course – maybe so; then again –
Don't ask for its purpose
The sun may stand still
Life is more ancient
Than death's fatal chill
Amen

Sentimentality

New lodgings, cold shadows. Heading south would be a good thing.
The candle flickers on the table. No letters arrived, no papers. Nothing.

A female voice: "I'll go: they're expecting me." In the next room, on the phone:
a blonde. I know her. I saw her at night while heading home.

My pills, Renan's book, a toothbrush… wrinkled belongings from the family,
the familiar scent of a letter. I'll unpack at night, not avidly.

An unfamiliar bed… the cliché: "How many've lain here already." It's good,
this bed. Solid oak. Fit for coffins. Better than frivolous mahogany wood.

The stove is cold. The piano… one sound, with a fist! The candle flutters
and the silence swirls with startled shades. Furniture echoes in the corner.

The window's grey and frozen. Frost melts around my brow.
Don't! You! They'll hear you! Bite your tongue! Wait until tomorrow!

Berlin, 1919

Hervadó világ: ajánlás

Megköszönöm magamban e napot
azzal, hogy élek. És most csend lett.
Hűs hajadon árnyát húzza az alkony,
emlékeinket lassan összehajtom,
mint pásztor nyáját. Köszönöm a földet,
a létet, téged, s hogy vagyok.

A hervadó világ

I.

Az éj megóvott benned minden csöndet,
két jó szemedből ömlik jó derű,
veled vagyok és minden egyszerű,
két kezed közt a világ csoda csönd lett,
szájamhoz emeled s iszom a csöndet,
hűs, jó tüzét két kis melled felönti,
fagyott fejem őrzi két enyhe vulkán,
idők, világok, hitek múltán
jó hozzád hazajönni.

A titkomat nem kérdezed,
magyarázat a két kezed,
ki léteddel a létet magyarázod,
egyszerre hallgatsz és felelsz:
szeretem benned a világot!

A hervadást én benned ölelem
hervadó nő, egy világ hervad benned,
a te utad a mi utunk,

Withering World: Dedication

I thank this day by the fact that I exist.
And now it's gone so quiet: hardly a sound.
Over your cool hair dusk pulls its shadow-mist,
I slowly gather together our memory list
like a shepherd his flock. I thank the Earth, our ground
of being, and you, and that I do exist.

The Withering World

I.

The night has saved up all its silence in you,
serenity pours from your astounding eyes,
I'm with you, everything's brought down to size,
the world's gone wondrous quiet between your two
hands; you lift it, I drink its quiet brew,
your two small breasts pour out the cool, good fire,
two gentle volcanoes protect my freezing head;
with time and worlds and faiths all pressing ahead,
coming home to you is what I desire.

You don't ask what secret I...
your two hands are explaining why,
you explain all being with your own being,
you listen, and at the same time, reply:
in you I love the world that I am seeing.

I embrace the withering within you,
withering woman, a world in you dies:
your path is the path we're on,

te már megálltál, mi futunk,
mosolyogsz napos, halott szemmel,
így nevet az ősz, vak leányok
kacéran, furcsán, súlyosan,
a karod terhesen jár, mint a tenger,
ha felhúzza a hold, egy telt erő
a nappal titkait benned cseréli,
az éj föltükröz benned feketén,
te hulló csillag vagy és múló ember,
isten elsóhajtott lehelete,
hullok veled én
jón, sűrűn, mélyen, lefele.

II.

Kedvetlen nyúlok hozzád a szavakkal.
Kedvetlen mondom: te jó, sok, te kedves,
én sose tudom, e szerelmi kardal
nem tréning-e egy eljövendő vershez?
sose tudom, lüktet-e benne élet,
hit és erő, benne ver-e a vérem?
Vagy hiú, kapkodó kísérlet
emberen, világon, téren?

A hívők boldogak, övék a jó rész,
a hallgató növények boldogak,
a kutyák üde csaholása boldog –
a könnyenfecsegők, hülyék, bolondok,
akiknek titkos százarcuk a dolgok
egy maszkja alatt mutatják meg priméren
céltalan királyvíz a gondokat
emberen, világon, téren.

you've stopped already, while we still run,
you smile with your sunny dead eyes:
this is how autumn laughs, blind girls
flirtatiously, oddly, weightily,
your arm moves heavily, like the sea to the sky
when the moon draws it up, and its full force
trades secrets with the sun within you;
within you, night mirrors blackly,
you're a falling star or a person passing by;
God sighed his breath away,
I fall with you
superbly, densely, deeply, down all the way.

II.

Reluctantly I reach with words for us.
Reluctantly I say: you good, you much, sweet
dear: and I never know if this lover's chorus
isn't mere training for a future poem's cheat.
I never know if I feel in it life's pulsation,
belief and strength: does my blood within it race?
Or is it a vain, acquisitive temptation
of people, the world and space?

The faithful are happy: theirs is the better part,
the silent plants delight,
happy too, the dogs' wholesome yapping –
the chatterboxes, the stupid, the insane
who have the *aqua regia* to dissolve the overlapping
masks that disguise appearances on the primal plane:
they use the impartial corrosive's might
on people, the world and space.

III.

Franz Werfel in tiefster Ehrfurcht!

Sétánk zenitje ez a domb.
Állj, ünnepelj, nézz. Zeng a lomb
sárga zenével. A tó lent: könnycsepp
legördült kövér arcán a földnek.
Pörköltek a füvek, hervadt a felhő,
a folyó dünnyög, mint az öreg dajkák:
mi megérkeztünk. Szomjas, fonnyadt ajkát
felénk nyújtja az ősz, e sminkelt delnő.

Feléd nyújtom a szomjamat
te fonnyadt, itatlak belőle,
szüretek tikkadt sűrű csöndje
e perc, érett és hallgatag,
lenn kérdez a világ s felel,
sirat, fütyörész, nevet, jajgat:
némán súgja egy végső értelem
mély válaszát szótlanúl: az ajkad.

Ez a zenit. Állj, ünnepelj, nézz.
A perc s az ember elpereg,
időtlen egy, mi volt s mi lesz még,
vagyunk: a föld, a víz, emberek,
vagyunk: ez a zenit s betelt
öncélját zengi rét s az erdő,
az alkonyat kristálya csengő
zenét vert és a föld felelt:
vagyunk: élve és halva, egyre
a víz, a fenyők, te meg én,

III.

To Franz Werfel with deepest awe

The zenith of our stroll's this hill.
Stand, celebrate and look. The leaf is filled
with yellow music. Below, a teardrop lake
that trickled down the Earth's fat cheek.
The grasses are singed, the cloud is withered,
the river mutters like an old wet nurse:
we've arrived. Autumn, this painted peeress,
offers her lips to us, thirsty and shrivelled.

I offer you my thirst,
you withered one, drink, be refreshed by it,
this moment is the parched, dense quiet
of the ripe and silent harvest first;
down below, the world questions, replies, enquires,
mourns, whistles, laughs and wails:
a final reason whispers mutely and inspires
a deep response, wordless on your lips, pale.

This is the zenith. Stand, celebrate, look.
Away the moment and the person dribble,
it's all timeless, what was and what's coming to book,
we exist: the Earth, the water, the people,
we exist: this is the zenith – meadows, ponds
and forest, with purposes fulfilled,
dusk's crystal ringing music spilled
across the Earth, which responds:
we exist: alive and dead, all the same,
the water, the pines, and you and I,

így szabta meg egy isten kedve
s járunk egy ritmus ütemén –
nyújtózik egymáshoz karunk,
ez a zenit. A kéj. Telj el vele,
ősz összesodrott két falevele
egy végtelen szélfúvásban: *vagyunk*.

IV.

Meg van még minden egyben: te meg én.
Mi átfutottunk sok-sok emberen
míg egyen lettünk: te meg én,
mondd mi ez a titkos megoldás,
egyedül vagyunk, sose volt más
ember a földkerekén.

A tagjaid mind kis csodák,
tájak vannak benned és naplementék,
százarcú változás és emlék
a tested, egy szavad, egy szalagod.
Tompán nézzük az idegent,
ki padunk mellett megy, az ostobát:
s tán vállat von, mert orrod nem szabályos.

Ősök

Mi már intünk a messziből
sáfrányos csipkekeszkendőkkel
bennetek lüktet az idő
nektek még politika, nő kell
a vágy a régi, egyre egy, de mi már tudjuk, egyre megy.

like this, a mood of God defined its name
and to the rhythm of its beat we try
to reach towards each other, arms and wrists,
this is the zenith. Lust: let it be full,
two leaves that are swept together by the Fall
in an infinite gust of wind: and *we exist*.

IV.

All things exist in one thing: you and I.
We ran across so many other people
till we became one person, you and I;
say what the secret of this solution is:
we are alone, because there never was
any other person here beneath the sky.

Your limbs are all small miracles,
you contain landscapes, suns are setting,
your body is a hundred-faced figure of forgetting
and remembering, one word of yours, your ribbon.
Dully we watch the stranger passing by
the bench we sit on; he's no oracle:
maybe he shrugs – because your nose is slightly odd.

Progenitors

We're already waving from our distant stations
with our kerchiefs of saffron-scented lace,
you're enthralled by time's pulsations,
you still need politics and womanly grace,
the drives are ancient, one and all, but *we* already know the end is all.

Mi lelógunk a falakon, zárt szájjal és hallgatagon
ki jön kérdezni minket?
A játékok örökös, eltámolyog az örökös
portréink előtt színtelen s kopog léptén a cinterem
egykedvű úri törvényt
a hold barokkúl benevet és megreccsen a kerevet
szerelmes nő s férfi alatt, friss kéjt kopog a pillanat
mi nevetünk: mi tudjuk
a körmünk nő a földbe lenn, ti sétáltok a zöld elem
pázsitján: de mi várunk
csipkegallérunk elfakult, hozzánk jön úgyis, aki hullt:
mert mi vagyunk a múlt!

Sarjak

A nap nekünk van mégis,
nekünk a kényelmes házak,
nekünk a zöld föld, az ég is,
a nagyúri kávéházak,
a nagyurak karszéke,
jólesik ülni benne,
a Föld is tán nem is lenne,
ha mi nem lennénk érte,
mily boldog, aki lát:
a reménykedő nagyanyák,
örül nekünk a világ
s csinosítja magát.

A tengert az isten nekünk kitalálta
s a jó időt is, a lombot a fákra,
földek a magjuk, kagylók a gyöngyük

We hang on the walls, closed-mouthed, and fall
silent: who comes to ask us a thing?
This game is always in play; the heir totters away
past our portraits, colourless, hard; and his footsteps echo in the churchyard,
single-minded lordly laws
the moon baroquely makes fun of, and the couple making love
in their lustful throes make the bed creak, all the while their lust grows;
we chuckle: we know
our nails keep growing underground, while you stroll along on the grassy
ground of the lawn: but we are waiting,
our lace collars faded: nevertheless, whoever dies will come to us –
for we are the past!

Progeny

The sun exists, for us, after all,
for us, the comfortable houses,
for us, the green earth, the sky as well,
the splendid coffee houses,
the aristocrat's armchair
which we sit in feels so good,
if we weren't here for the Earth, could
it even exist anywhere,
how happy, the ones who see:
the grandmothers' hopeful voices,
for us the world rejoices
and primps herself prettily.

For us God invented the seas
and good weather, leaves for the trees,
seeds for the soil; shells carry their handful

nekünk hordják. Köszönjük.
Az egyszeregyre s hogy a Föld forog,
rájöttünk. Mi nagyon okosok
vagyunk. Hajunk fölött tétova dallal
a szél tovahajt friss nyári lombot,
nevetve szültek szőke nők, bolondok,
vihogva és egészséges fogakkal.

Mondják
apáink is éltek
hordták
őket is a rétek
lehet

Próféta

Egy faun fut egy görög mezőn.
Megáll egy tónál. Iszik. Hallgat.
Az Ég fölötte kék és elveszőn
kitárt. Csillog a harmat
patáján. Még élhet tán ezer évet –
szegény. A víz fölött elhasal homorúan,
megcsóvállja a farkát szomorún:
mért oly rövid az élet?

Leszámolás a perccel

Az utcák megmaradtak mögöttem. Hazajöttem.
Ruháim megmaradtak s várt az asztal:
ötvözzem körül most a tényt szavakkal?
Magamat

of pearls for us. We're thankful.
We worked out one times one and that Earth for ever
rotates. We're terribly clever
Overhead, the breeze lifts from underneath
the fresh summer leaves with a wavering song;
blondes were born laughing; men whose minds go wrong,
cackling and with healthy teeth.

They say
our fathers too were alive,
the fields of hay
also helped them thrive:
could be

The Prophet

A faun runs across an archaic Greek mead.
He stops at a lake. He drinks. He listens.
The Sky above him is blue and expansive, indeed,
enough to get lost in. The dew glistens
on his hooves. He might live a thousand years more –
poor thing. See him, prone, near the water, lie
and wag his tail sullenly, wondering why,
why is life so short?

Settling Scores with Time

The streets stayed there behind me. I came back.
My clothes remained and the waiting writing table:
shall I now work the facts into something verbal?
Around myself,

hogy gyáva vagyok s itthon lázadok
világot, embert, századok
söprő folyóját szétesőn, lazán és megkötötten?
Az elektromos fény: emberek élnek
(egy gyárban forognak most is a gépek)
szivem:
hogy élek s van hitem
ruhám, szemem: igen, igen, igen,
a dolgok híznak, vannak, megmaradnak,
csak a perc,
zabáló vad madár,
kapar monoton csőrrel sorsomon
s értelmetlen dagadt hasa örül minden kiharapott falatnak.

Átok a percre,
a kéj percére is,
a születés tudatlan perce is
nagy kínok bódult kéjével rokon,
áldott a munka izzadt, aranyfényű perce
s a halál egyperces csókja homlokodon.

Ballada egy öreg tanítónőről

Sovány hajad egy kis fejet rejtegetett és félszemed,
a hályogos, üresen nézett a poros okulárén által –
betáncolt tél, nyár, ősz, tavasz. Vékony szarkalábak nyomát
véste az idő arcodon és félszemed, a félszeget
befedte hártyás patinával, mi nem láttuk a szemedet.

A tanterem olajszagát tüdőre szívtad délelőtt
(most látom csak az arcodat, sok év után, a múltban),

that I'm a cowardly rebel here at home –
against the world and men, and the sweeping foam
of the centuries' stream, on time but loose and slack?
Electric light: life goes and comes
(even now in factories the machinery hums)
or my heart:
that I'm alive and do believe, not guess,
clothes, eyes: yes yes yes,
things gain weight, they exist, stay, day and night:
only the moment,
that ravenous wild bird,
tears monotonously with its beak at my fate
and its greedy swollen gullet is glad for every bite.

A curse on each moment and its neighbour,
on the moment of lust as well,
on the unconscious birth moment's thrust as well,
akin to the lust of great pain;
blessed be the sweaty, golden moments of workers' labour
and the momentary kiss of death on the shell of your brain.

Ballad of a Spinster Schoolmistress

Your thin hair hid a small head, and your sightless eye,
filmy, looked emptily through its dusty portal –
and in danced winter, summer, fall and spring. Time carved its thin
crows' feet on your face and covered your empty eye
with a membrane's patina: we couldn't see the pupil.

In the mornings the schoolroom's smell of lamp oil assailed you
(only now do I see your face, many long years later, pass),

az úr ír és rí aki ír, ezt mint tőled tanultam,
mit látott a szemed, szegény, ha napok, évek sora nőtt
és nőttem én és künn a fák, csak benned állt meg a világ?

Száz gyermeked volt, magtalan, a legdúsabb anya te voltál,
mint szántóvető a magot, értelmet szórtál gyerekfőbe.
Szájtátva néztük – mi lehet? – a számok és
                                            betűk özönje,
hogy egy az egy és úr, ki ír és rí, ki ír e
                                földi vizsgán.
A módszer titka: rendszer és hit, s egy földi létre
                                ez elég itt.

Te titkos méregkeverő, ki az elemi csodakonyhán
kavartad szent pillanatok páráján titkos illatok
varázsos nedvét, ólmos órán, magyar írás, olvasás órán:
félszemed ég a múlton át, rosszul fizetett
                                jó boszorkány,
tudtad-e egy fiad sorát, ki a betűket megtanulta
és cserél módszert és hitet és néha rí és néha ír és néha
                                hallgat és siket.

A rokon szól

Én mentem az úton,
a nap engem világított,
nem volt lejtő, s domb,
egy sík térre befont
egy áhított titok:
hogy *vagyok* s ezt *tudom.*

34

"the gent writes and he who writes weeps",* I learnt in your class:
what did your one eye see, poor thing, as the ranks of days and years grew
and I grew, as did the trees outside: only inside you did the world stand still?

You had a hundred children, though barren; you were the sweetest mother:
like a sower of seeds, you sprinkled reason into children's heads.
Open-mouthed – what can that be? – we watched the flood of numerals
                                        and letters spread,
that one is one and "he who writes is a gent", and he who takes this
                                        earthly test weeping is another.
The method's secret: order and faith, and that's enough for an earthly
                                        existence.

You secretive poison-mixer, who in the wonder-kitchen of primary education
concocted holy moments from the magical essences
of secret scents, in leaden hours, hours of writing and reading Hungarian:
your missing eye burns through the past, good witch with such poor
                                        compensation;
did you know any lines by this son of yours who learnt his letters and,
changing method and faith, sometimes weeps, sometimes writes, sometimes
                                        stays deaf and dumb?

The Relative Speaks

I walked on the road I had to go,
the sun illumined me,
neither downslope nor uphill,
a secret I awaited eagerly
bound me to a flat expanse:
I exist and this *I know.*

35

Testvérem, ti fák
vagytok, ti lombos templomok!
és van egy elfutó vonat:
hallom peregni sorsomat
mint régi órán a homok
hull rajtam át a vilag.

Tagom egységre mozdúl lombotokkal,
fák – miket egy erő kerget, vonat!
szelepce fütty s elcsukló korcsma-bordal,
őszdélutáni úszó tiszta csend:
a világ bennünk egyre visszacseng!

Itt minden lázadás hiú – hiába
a dolgok titkos füttye köt le,
nyugodj bele, porszem a rögbe,
egy egyszerű és jó harmóniába.

Az ébredő isten

A nappal szétbontja titkát,
ébred Auróra,
a fiatal isten:
a vér jegyében ébred a világ,
egy haragos isten fölnyitja fiatal szemét.

Mi élmények lábbadozói:
költők és asszonyok és erős férfiak,
kik kuporodott várakozással lessük az első percet:
a halni-indulók zsolozsmájával köszöntjük a világ hajnalait.

My brethren, you trees,
you churches massive and leafy!
and there's a runaway train:
my fate patters after, in vain,
like the sand in old hourglasses,
the world sifts down through me.

My limbs move as one with you, trees, among
your leaves – which a single force drives to and fro!
a steam whistle, hiccuping tavern song,
the pure swimming calm of an autumn afternoon:
within us the world rings in unison!

Here, every rebellion is vain – in vain
are you bound by the secret signal? Of things,
accept it: a dust mote in the dirt clod sings
a simple, harmonious refrain.

The Awakening Goddess

With sunrise she unpicks her secrets.
Aurora awakes,
the young goddess:
the world awakens in the sign of blood,
a wrathful goddess opens her eyes.

We are the convalescents of experience:
poets and women and strong men
who with huddled expectancy lie in wait for the first minute:
we greet the world's dawns with the chants of those heading off to die.

Csöndesen,
valaki álmodik minket,
gyönyörű asszonykincseinket,
játékos babaháborúnkat,
okos fűrészport a fejünkben!
Csöndesen!

Nagy hajóink álmában hosszan úsznak. Telefon csönget.
Vonat zakatol a prérin át. Mozielőadás Párizsban.
Hotelszobákban párok összefutnak, a nő kalapját tépi, ruhája szakadoz,
siess... ez a boldogság... A diplomata ásít, tarkóját dörzsöli,
egy asszony ájult vérében fölsír az új ember. Egy kutya ugat,
a vadász mereng a déli nádas gőzén. Kant írja az
                                    imperativust,
Kőnigsberg bombáktól reng. A múlt mintázza a jövőt –

valaki sikolt: tragikum!
az ész felel: kétszer kettő négy!
az őrült: a Mars királya én vagyok!
a király: én vagyok az állam!
a nép: és én a hatalom!
a bölcs: az ok okozatot szül!
a szerelmes: engem bánt valaki!
a költő: a világ harmónia, én hiszem ezt!!

Csöndesen:
valaki álmodik minket,
a nappal szétbontja haragos titkát,
mi rossz álom múló árnyai,
ne zavarjuk az alvó álmát:
a vér jegyében ébred a világ.

Softly:
someone is dreaming us,
our beautiful woman-treasures,
our toylike doll-wars,
the clever sawdust in our heads!
Softly!

Our great ships swim far in her dream. A telephone rings.
A train rattles across the prairie. A motion picture rolls in Paris.
Couples unite in hotel rooms: the woman tears her hat off, her dress shreds,
hurry, this is happiness… The diplomat yawns, rubs his nape;
from the swooning blood of a woman a new human cries out. A dog barks;
a hunter contemplates the noontime vapours in the reeds. Kant writes the
                                        Imperative,
Königsberg shakes from bombs. The past determines the future –

someone screams: tragedy!
the mind responds: twice two is four!
the madman: I'm the king of Mars!
the king: *L'état, c'est moi!*
the people: we are the power!
the philosopher: causes give birth to effects!
the lover: someone's upsetting me!
the poet: the world is harmony, this I believe!!

Softly:
someone is dreaming us,
with sunrise she unpicks her wrathful secrets,
we're the passing shades of her bad dream;
let's not disturb the dreamer's dream:
the world awakens in the sign of blood.

Credo (quia absurdum)

Én hiszek egy teremtést, az életemet, hiszem ezt. Hiszek egy rendelést, ezt az én rendelésemet, magamat. Hiszek egy világot és hiszek egy embert, akik összetartoznak. Hiszem a költők fájdalmas csodálkozását, a meglepetést, hogy létrejöttem s a lét befogadott engem. Hiszem az embereket, mert magamat kell hinnem bennük. Hiszem a fiatalságot, a boldog és édes éneket a vizek felett. Hiszem az ideges férfiak kutató boldogtalanságát, hiszem az asszonyok harapós szerelmi dühét és a mozdulat puhaságát, ahogy a csecsemőt megtelt mellük bimbójához emelik, és tikkadt homlokkal elhajolnak fölötte. Hiszem a tárgyak konok következetességét, a vonalak ősi törvényeit, a színek izgalmas zúduló sokféleségét, a szavak titokzatos igazság-guzsalyozó köteleit, a szép kezeket és az állatok szemét. Hiszem az örökkévaló anyag elrejtett, belső formáit, a kényes macskák előkelőségét és a tengerek jóságát. Hiszem a jóságot és a kraj-cáros rosszaság izzadt, buta kárörömét. Hiszem az egyszerűség gyöngéd tömjénillatát, a gaztettek vérszagát, az érzelmesek olcsó áhítatát. Hiszem a felhőket és az évszakok változó kedvét, hiszem a világvárosi kokottok csipkeinges raffinériáját és a pénz megnyugtató gőgjét. Hiszem az osztályharcosok komor sorbaállását, a menstruáló lányok ájult reggeli ágybanfekvését, a délszaki növények fűszeres leheletét, a világerők csillagkergető vonzását. Hiszem a végtelen szegénységet, mely könyörtelen és olyan szaga van, mint az embernek. Hiszem az elemeket és hiszem magamban azt, aki tud hinni, naivan. Hiszek egy életet, életet, életet, most és mindörökkön örökké.

Credo (quia absurdum)*

I believe in one creation, my life: this, I believe. I believe in one pre-destination, my own predestination: myself. I believe in one world and one man who belong together. I believe in the poets' painful wonder, the surprise that I came into being and that existence offered me admittance. I believe in people, because I must believe myself among them. I believe in youth, the happy sweet song above the waters. I believe in anxious men's enquiring unhappiness; I believe in women's mauling, raging love and in the softness of the gesture as they lift their infants to the nipples of their laden breasts and bend their parched foreheads down over them. I believe in the stubborn consequentiality of objects, in the primordial laws of lines, in the thrilling headlong variety of colours, in the mysterious truth-ensnaring bonds of words, in beautiful hands and in animals' eyes. I believe in eternal matter's hidden, internal form, in the distinction of spoiled cats and in the goodness of the seas. I believe in goodness and in the sweaty stupid Schadenfreude of penny-pinching evil. I believe in the mild incense aroma of simplicity, in the bloody odour of crimes, in the cheap piety of the sentimental. I believe in clouds and in the seasons' changing moods; I believe in the lacy cunning of the *demi-mondaines* of world capitals and in the reassuring arrogance of money. I believe in the grim queues of class warfare, in the bedridden morning fainting spells of menstruating girls, the spicy breath of tropical plants, the star-chasing drive of world powers. I believe in an infinite poverty that's remorseless and smells like humanity. I believe in the elements, and in myself I believe in one who can believe naively. I believe in one life, life, life: now and for ever after.

A múló tájak

Mint múlnak el a megtörtént tájak
és elmúlok én, ki megtörténtem,
Minden mozdulat új tájat ölel
és új, idegen vagyok én: az ölelő.

Viasz figurák: én, én. Tegnapról és előbbről.
Lágyanyag testek az emléklámpákkal:
hatosos tükörpalota sorakoztat engem mögöttem:
mi furcsa játék ez. Egyenként állok az elmúlt napok kapujában.

Mennyi halottat hordozok magamban:
préselt, felfujható ént, sokat.
Egy préselt világot: a tájakat
s kinyújtott tenyeremen hintáztatom e felfújt gömböt: a földet.

Embernek lenni:
szeretni önnön erőnket.

De az öntudat ökle
a tükört cserepekre töri szét.

The Passing View

As vistas that have happened pass on
so I, who happened, pass on.
Every movement embraces a new view
I am also new and unfamiliar: the embracer.

Wax figures: me and me. From yesterday and before.
Soft bodies in memory's lamplight:
a six-fold mirror palace lines me up behind myself:
what a weird game, this. One of me stands at each past day's front gate.

How many dead I carry about within me:
pressed, inflatable selves, many of them.
A pressed world: the landscapes –
and in my outstretched palm I roll this inflated sphere around: the Earth.

To be human
is to love our own power.

But the fist of self-awareness
shatters the mirror into shards.

Like a Fish or a Negro*
[*Mint a hal vagy a néger*]

1932

Tanú vagyok rá

Tanú vagyok rá, láttam, itt vagyok,
A két szemem tanú rá és a lelkem.

Szemen köphetsz ember, mert hallgatok,
Hisz láttam, gyáva voltam és füleltem.

Lapultam és azt mondtam: „á, ugyan..." –
„A dolgok rendje" és „lesz jobban is".

S a könnyről, ami szemedben buggyan,
Csúfolva mondtam: ez a gyöngy hamis.

Tanú vagyok rá, vallom esküvel,
Láttam dögebbnek őt, mint a dögöt.

De nem tudta, hogy keze mit mível
S az ég és a föld ráöklendezett,

Szájából hab folyt, genny szeme helyén,
Ennen sárában tántorgott vakon.

A tetvek falták bűzös fekhelyén
És nyöszörgött a hülő csillagon.

S ki láttam őt és láttam magamat:
Vallom, hogy élt benne még valami,

I'm a Witness

I'm a witness, and I saw it: here I stand,
My two eyes, and my soul, witnessed the fact.

You can spit in my eyes because I said nothing, man.
Since I saw it, and was a coward, and did not act.

I lay low, and I only said, "oh well…"
"That's how it goes", "It'll get better, a piece of cake",

And about that tear in your eye that I saw swell,
I said in mockery: that pearl's a fake.

I'm a witness, I'm confessing under oath,
I took him for dead, more dead than carrion.

But he didn't know what either hand, or both,
Did: it was him earth and heaven threw up upon,

Froth flowed from his mouth, his eyeholes were pus and rot,
He staggered blindly in dirt that he had made.

Lice gobbled him where he lay on his stinking cot
And he groaned at the star that was beginning to fade.

And I saw him clearly and saw he was one of us:
I tell you, something was still alive in him.

A dögvész, szenny, genny és vadhús alatt
Félénken kezdett világítani.

Ürügye élni nem volt semmiért,
Elherdálta mind, amit örökölt,

Állat elõle szűkölve kitért,
A víz kicsapta, kihányta a föld.

A világ már sötét volt, fergeteg
Verte a tengert, a hegy meghasadt

S az Úr lelke járt a vizek felett,
S az ember lelke élt a hús alatt.

Én láttam őt, aki veszettre marta
Entestét és szájából vére folyt

És most vallom, hogy az ember nem akarta,
Vallom, hogy jobb volt, mint a sorsa volt.

S én vallom, aki vesztét énekeltem,
Hogy ártatlanabb, mint a csillagok.

A két szemem tanú rá és a lelkem,
Tanú vagyok rá, láttam, itt vagyok.

That beneath the pestilence, filth, proud flesh and pus,
He began to glow, first fearful, then less and less dim.

He had nothing left on earth to stay alive for,
He'd squandered all his parents had laid by.

Animals cringed at him and made a detour,
The water cast him out, earth let him lie.

The world was already dark, the whirlwind whipping
The ocean, and the mountain split apart,

And the Lord's soul went out over the water, skipping,
And beneath the flesh was the soul of a man and his heart.

I saw him, who had mortified his flesh
Madly, until blood flowed from his mouth's well,

And I now proclaim the man had no such wish.
He was better than the fate to which he fell.

And I who sang his defeat proclaim him whole,
More innocent than the heavens' starry band.

My two eyes witnessed to it, and my soul:
I'm a witness, and I saw it: here I stand.

Mellportré

Néha megállok, mintha kirakat
Vonzana. Emlékeim lehúznak.
Nézek. Beszélek. Fájlalom szívem.
Van már savam. A bort is vízzel és
A szerelmet szeretettel vegyítem.
Eljátszom a kutyámmal. Olvasok.
A pályaudvarra megyek, megállok,
Beszívom a vonatszagot. Köszönnek.
Semmiben nem hiszek. Le, lefele
Megyek. Nem értem.

Együgyű vers gyorsvonatban

Az ablak dús tájat mutat,
Dűlj el a bűvös pamlagon.
Kastélyt, fasort, árnyas utat,
Bocit és reneszánsz kutat:
Mind lepereg az ablakon.

Mint moziképen messzi táj,
Mit a körúti mozi perget.
Kedvesem, most mennyire fáj,
Hogy idegen e drága táj
Nekem, az örök idegennek.

Látod, ez Európa itt
S e kivágás tán Belgium.
Aki szíttad illatait,
Múltja mézét és álmait,
Tudod, hogy milyen áfium.

Self-portrait

Sometimes I stop as if drawn by a shop
Window. My memories, a heavy crop,
Bear down. I look. I talk. I've got angina.
And acid stomach. I thin wine with water
And passionate love with cooler friendship.
My pastime: entertaining my dog. I read.
I visit the station, draw to a stop,
Smell the trains' vapours. Strangers say "hi".
I believe in nothing. In free fall, I drop,
Lower and lower. I don't get it.

Simple-Minded Poem in an Express Train

The window shows a soft land:
Lean back on the magical chaise.
Castles, tree rows, shady roads and
Calves, wells from the Renaissance,
Stream by in a blurry race,

Like a far-off land in a movie
Shown in the boulevard theater.
Love, for this dear territory
To be so foreign to me
Hurts me, ever the foreigner.

This is Europe here, you see,
And this clearing might be Belgium.
You've inhaled its scenery,
You've smelled its past, its honey,
Its dreams: all opium.

Kövér pap megy, kezében bot.
A táj oly zsíros és nehéz.
Ércétől dagad a hegy ott –
A mi helyünk se itt, se ott,
Szemünk üresen messze néz.

A cigarettám eldobom,
Fáraszt e zsúfolt panoráma.
Tudom, hogy vidéki rokon
Vagyok, ki lopva átoson
E tájon, hol senki se várja.

Vidéki rokon, félszeg is,
Ki halkan mondja a nevét be.
Az istene tán egy fétis,
Érthetetlen a nyelve is
S idegenség van a szemében.

Harminc

Harmincéves vagyok. A szeretőm
Elaludt a zöldripszes heverőn.

Ing fodrát szellő lebegteti,
Két mellén alusznak a kezei.

Most veszem a kalapom s lemegyek,
Férfi vagyok s valamit keresek.

Talán az Istent, tán egy új szeretőt,
Tudom, hogy örökké keresem őt.

A stout priest with a stick
Treads on the fat, heavy lands.
In that mountain the ore is thick,
But our place here, hard to pick,
And our eyes stare into distance.

I stub my smoke and toss it:
This panorama's weary.
I'm their countryman who lost it,
Who now must steal across it,
This land where no one's near me.

Country cousin, gauche as well,
Who whispers his name for the book.
Is his god a pagan idol?
His speech is inscrutable,
And his eyes have an alien look.

Thirty Years Old

I'm thirty. My lover lies on the bed
Asleep on the green-ribbed fabric spread,

Her blouse ruffles fluttered by the breeze,
Her hands on her two breasts, resting, at ease.

Hat in hand, I go downstairs:
I'm a male, seeking something out of my lair.

Maybe God, or maybe another lover,
I know that I'm constantly seeking – whichever.

Járok, nézek, valamit keresek,
Senkit nem gyűlölök s nem szeretek.

Önző vagyok és fütyörészek itt,
Most élni fogok még egy ideig.

Életem hetykeség nélkül való,
Szeretem ami rossz és ami jó.

Tudom jól, hogy csak annyi az egész,
Mintha egy nő az utcán visszanéz.

Vagy mint egy hang. Vagy lábnyom az úton.
Tudom, tudom, tudom, tudom, tudom.

Nyújtózom, dünnyögök és hallgatok.
Jó az idő. Harmincéves vagyok.

1930

Menekülő

El, el, csak el, el.
Leülni a földre
Szegényen, csupaszon,
Mint a halottak:
Csukott szemekkel.

Hallgatni bentről
Süvöltő, bőgő,
Farkasmód hívó,
Holdat ugató
Szavát szívednek.

I stroll, I gaze. There's something I seek,
There's no one I hate and no one I like.

I'm selfish, whistling the time away;
Alive for a while now, that's how I'll stay.

My life's a land that brooks no insolence,
I take both the bad and the good for my province.

I well know, the whole thing only amounts
To a woman throwing me a backward glance.

Or a voice. A footprint on the road where I go.
I know, I know, I know, I know.

I stretch, I grunt, keep my silent way.
It's a good time. I'm thirty years old today.

1930

Refugee Refrain

Off, off and away,
Sit down on the earth
In poverty, naked
As one of the dead:
Eyes closed to the day.

Listen from the inside:
Hear the words of your heart
Screaming and wailing,
Like wolves nightingaling,
Who howl at the Moon.

Hóba feküdni,
Varjakkal hálni.
A köddel kelni,
Vadmacskanyomon
Szökni a széllel.

Jelet nem hagyni,
Betűt papíron,
Rongyot az ágon.
Égetni, tépni
Nyomod e földön.

Gyerek ne ríjja,
Asszony ne bánja.
Szökni, csak szökni,
Rongyokban, bénán,
Húzni Dél felé.

Mint a halottak,
Úszni Mohácsra.
(A vízben is jobb.)

Szegényen, csupaszon,
Dünnyögni, nyögni:

„A tanyád lángban,
Kötél az ágon,
Hegedül Isten
A szegény cigányon."

1928

Bed down in the snow,
Go to sleep with the crow.
With the fog, rise, stay low,
Along wildcat paths
With the wind creep away.

Leave nothing, no sign,
No writings of worth,
No thread on a branch.
Shred and burn every line
That you traced on this earth.

Let no children whine,
Let no woman pine.
Only off, off, away –
In rags and benumbed,
Always head for the South.

Like the dead
Swim to Mohács,*
(And water feels better)

In poverty, naked,
Humming and grunting:

"Your house is on fire,
The rope's on the branch,
God fiddles all wrong
For the poor gypsy's song."

1928

Cassovia

(Metszet, 1928)

A spájzban szőlő lógott és dió,
A Hradován méterre állt a hó.

Egyszer Rákóczit hozták haza reggel,
Kézenfogva vitt apám a menettel.

A dóm úszott a ködben, mint egy várrom,
Valami nagy és biztos e világon.

Kapuja fénye ködös és opálos,
Körötte él halkan a kicsi város.

S a püspök egyszer kis, puha kezével
Megsimogatta arcomat a réten.

Egyedül sétált, vagy egy kanonokkal,
Bojtos kalapban és egy görbe bottal,

Mint egy igazi pásztor, aki kémlel,
Hogy báránykái nem futnak-e széjjel?

Jaj, hol a pásztor már és hol a nyáj is?
Május végén a Bankón volt majális.

(Csak így tudom már, rímbe rakva, mint a
Játékkockán a képbe rakott minta,

Kirakni rajzod, régi Kassa, álom,
Fakult kis rajz e vad, színes világon.)

Cassovia*
(Woodcut, 1928)

In the pantry, grapes and walnuts hung, to keep;
On Mount Hradova snow lay metres deep.

Prince Francis'* bones came home to lie in state;
My hand in Father's hand,* we joined the parade.

The cathedral swam – the fog around it swirled –
Huge and secure in this uncertain world.

Amid the mist, its gate gleamed opalescent;
The small town held it quietly in its crescent.

And one morning on the meadow-like parkland
The Bishop patted my face with his small soft hand.

He strolled alone, or a Canon at his side,
In his tasselled hat with a bent stick, while he spied

Like a true shepherd, whether his lambs had stayed,
As they ought to, in the pasture, or had strayed.

Oh! Where's the shepherd now, and his thick flock?
In May on Bankó Hill we had our picnic.

(The only way I can do it now is in rhymes
Like patterns on toy cars in bygone times.

To hang your woodcut, Kassa, is a dream,
This faded sketch in the vivid wild world's gleam.)

Fakult kis rajz, a színe mit se hoz ki,
Itt baktat a sánta kovács, Kukovszki,

Aki varjakkal él a műhelyében,
Füstben, szikrában, pernyében, szemétben

S kovácsol, Vulkánus, valami titkon,
Záron, mi zárjon, vagy kulcson, mi nyisson.

A Szerkeztő köszön, La Vallière,
Nyakcsokra leng és pókhasára ér.

Ó, első vers! Borgis, cursiv! Az ólom
Szaga a régi nyomdában, az ódon

Udvarszobában, betűk neve, férce
A zsenge gondolatnak, lélek érce.

Garmond, az ünnepély! Petit, a játék!
Ó, furcsa játék, szörnyű és hazárd tét.

Mindig *va banque* és mindig az egészért!
Egész hitet, egész kételyt, egész vért!

Az első este Kassán, a Ligetben,
Mikor egy verssor fölött sírni kezdtem

S baktattam haza, föl a Malomárkon,
Mert egyedül maradtam a világon.

A Schalkházban a bálra se mentem,
Azóta se s nem jártam a Ligetben.

This faded sketch, whose colours raise a throng!
Here the lame smith, Kukowszki, hobbles along,

Who lives with crows in his smithy, amid smoke
And sparks and cinders and filth and dust which cloak

This Vulcan's shop where he fashions secret things –
Locks for lockings, keys for openings.

The Editor greets me, Mr La Vallière,
His belly-length tie flapping in the air.

Oh, first verse printed! In Bourgeois cursive! Faint scent
Of lead in the old print shop, in the ancient

Courtyard room, the fonts' names, the stitching thread
For jejune thoughts, the soul's metal, to be read.

The celebratory Garamond! Playful Petit!
O curious game, writing, a dreadful bet.

Always you bet your life, for all or nought!
With all your faith, your blood and all your doubt!

One night in Kassa, in the Park, I first
Began to weep over a line of verse

And up the Mill-ditch path I raced for home,
Because I was in the world, and all alone.

I didn't attend the ball in the Hotel Schalk,
Not then nor since in the Park have I taken a walk.

S mint kínai piktor művén a képnek,
Tájába a festő is beleléphet,

S elindul a maga rajzolta tájba
Otthonosan s mégis les a csodára:

Úgy járok én e hanyag rajzban, kedves,
A rajz még tustól s könnyeimtől nedves.

Hová kallódott ís, szín, illat, emlék?
Van is, nincs is, élet még, s már emlék.

Ami íz volt és illat, ennyi már csak,
Valami szédült és gonosz varázslat.

Félsz áthajolni párkányán e görnyedt
Toronynak, miben élsz, mert lenn a szörnyebb

Lomtárban, mint ütött szemét, hevernek
Kedveseid, emlékeid, s a dermedt

Távolban úgy néznek, mint régi képen
A halottak – szörnyű penész a képen,

Évek penésze, piszok és szemét!
Már elfeledtem barátom szemét.

*

Ennyi maradt csak, mint marad a vesztett
Városról néha együgyű fametszet.

And like the Chinese painter who can leap,
Himself, right into his pictured landscape's sweep,

And set off across the countryside he's drawn,
At home in it, yet feeling a miracle dawn,

This is how I walk in this drawing, shabby and dear,
This drawing still damp from the ink and from my tears.

Where have flavour, colour, aroma and memory wandered?
They exist, yet they don't: life and memory both squandered.

Today what used to be both taste and scent
Are only some dizzy spell, a vile enchantment.

You're too scared to lean out over the banister
Of this crooked tower you live in, for in that sinister

Cellar storeroom, like smashed-up trash, your friends
And memories lie benumbed, and stare to the ends

Of the world as the dead do in the antique paintings –
The terrible mould that grows on those old paintings,

The mould of years, where the grimy garbage lies!
I've already forgotten the colour of my friend's eyes.

*

This is all that's left, just as all that's left to be viewed
Of the lost city's a woodcut, graceless and crude.

Apa

Most oly élesen látom, levette szemüvegét,
A könyvtárszobában ül, hátrahajtja fejét,
Kezében a szivar, a semmibe néz.

Reám gondol, lassan felemeli gyűrűs kezét,
A füstöt űzi el. Én is elmentem, setét
Fátylak takarják buta sorsomat

S már kevesebb is vagyok, mint a negatív lemez
Laza rajza, rövidlátón nézi, s mondja, nem ez,
Nem ez volt ő, én jobban ismerem.

Szivarozik. Feje fölött sok Jókai, Arany,
Vörösmarty. A corpus juris. Vörös és arany
Kötésben hazánk klasszikusai.

Feketéje kihűlt, árnyakra gondol, messzire
Mentek halottai s az élőkre, kiket szíve
Úgy tartott, mint fa a madarat,

Mint sziget a törzset, úgy tartott minket, óriás
Szívével, úgy, ahogy óvni nem tudott senki más,
Éltetni, adni, senki, csak ő.

S úgy gondolnak szigetre a vert hajótöröttek,
Mint gondolunk mi rá, kik tőle messzeszöktek
Pojácnak, senkinek.

Father

He's taken off his glasses: now I see him clearly,
Tilting his head back, he sits in the library,
Cigar in hand, gazing at nothingness.

He thinks of me, slowly raises a ringed hand,
Waves the smoke away. I went away also, and
Dark veils cover over my foolish destiny's dullness,

And I'm already less than the loose sketch shows
On the negative plate: he squints at it: anyone knows
That isn't him, I know him better than that.

He smokes his cigar. Above him, Arany's publications,
Jókai's, Vörösmarty's.* Legal tomes. All our nation's
Classics bound in calfskin, scarlet and gold.

His black coffee has cooled, he thinks of ghosts,
The distant, departed dead, and the living, most,
Whom his heart has held like birds that a tree holds,

Or an island holding a tribe: he held us thus,
With his giant heart, as none else, protecting us,
Gave life to us, gave, as nobody could, our bodies.

The battered shipwrecked think of the island they
Have left, as we think of him, who have crept away
So far, to become buffoons and nobodies.

Magyar emberek

Irdatlan régi fennsíkok tavaiból maradt valami a szemükben,
Keverve azzal a hetyke fénnyel, ami oktalan revolvert ad a kezükbe.
Nem jók és nem rosszabbak, mint más. Csak visznek valamit magukkal
Európa, Ázsia, Afrika és Amerika országútjain, amitől nyugtalanabb
a levegő.
A halálukban van valami a vadállatok gőgös szemérméből
És ahogy elnéznek a fájdalom fölött, azt nehezen értik meg persze
A francia légió őrmesterei, vagy a német idegorvosok.
Mindegyik ég egy kissé és tűzveszélyesek és levelet ritkán hagynak maguk
után.
A konzulátusok kőltségén temetik őket és a halál oka ismeretlen.
Négyszögletes homlokkal, orosznál oroszabban tudnak bandukolni
egy ötlet után,
De cigánymód dobnak el családot és barátokat, ha berúgnak a kávé-
házban,
Mert izgatottabb a levegő, ahol ők vannak s a nyugtalanságuk
közös
A padlásszobák kétes zsenijeinek gyertjalángjaival, vagy a Stromboli
Céltalan, vörös dühével éjszaka, ha kövekkel döngeti a fekete eget
És mindennel, ami reménytelen erővel lobog ezen a világon s emészti
önmagát,
Nyavalyatörős dühvel korlátok és civilizációk között:
De egészen hiába majmolnak ángliust, vagy párizsi selyemfiút,
Mert a szemükben visszamaradt valami irdatlan régi fennsíkok tavainak
Csillogásából s úgy égnek el néha a világ pusztáin, mint a
pásztortüzek.
A szavukat az Isten sem érti már és elkallódnak valami
ködben
Veled és velem és öregapánkkal, mert magyar emberek vagyunk,
Emberek, magyar emberek, a ködben testvéreim, véreim és testeim.

Hungarians

Something from the lakes of great ancient highlands remains in their eyes
Mixed with a cocky light that puts revolvers in their hands for no reason.
They're neither good, nor worse than others. They just take something along
On the highways of Europe, Asia, Africa and America that makes the
air unsettled.
Their death has something of the wild beasts' haughty reticence
And French Legion sergeants and German neurologists
Have trouble, of course, understanding how they can overlook pain.
Every one of them burns a little – they're fire hazards – and they rarely leave
letters behind.
They're buried at the consulate's expense and their cause of death's unknown.
Square-browed, they can pursue an idea more doggedly than a
Russian,
But gypsy-like, they'll toss friends and family aside when getting drunk
in the coffee house,
Because the air's more keyed up where they are, and their restlessness
is one with
The flickering flames of questionable geniuses in their garrets, or Stromboli's
Purposeless scarlet night-time rage that batters the black sky with stones,
And with everything that flutters with hopeless force in this world,
consuming itself
In spastic rage stuck between constraints and civilizations:
But they imitate English squires or Parisian gigolos entirely in vain,
For some of the sparkle of the great ancient highland lakes has remained
And they sometimes burn up like shepherds' campfires in the world's
wastelands.
God Himself no longer understands their words, and they wander off
in some fog
With you and with me and with our grandfathers because we're Hungarian men,
Men, Hungarians, in the fog my blood brothers, my blood and my brothers.

Vetkőző

Most mégis elmondom ezt neked. Mert ez éppen a nehéz és kínos
Titka a szerződésnek, hogy egyszer mindent oda kell
adni
És ez nem a barátság, nem a pénz, nem a csönd
És a zübörgő vonatok sem, nem a tájak, ahová vittelek
Magammal, egyre messzebb es két nagy gyermekszemeddel
Úgy néztél vissza már az életünkre – ezer kilométeren át –,
Mint falusi tájra a kalandor a vonatból. S kis bárányokat
Láttál legelni ott, kis életeket és udvarias mosollyal
Hagytuk elmúlni őket és mentünk az étkezőbe, vagy egy hotelbe.
Ó, hány hotel, hány táj, hány ember, kedvesem! Mint az ideges
Utazó sovány pénztárcája után, úgy nyúltam én is felijedt
Mozdulattal utánad sokszor. És lassan mindent elmondtunk egymásnak.
Megtanultunk hallgatni is. Néha este lett,
S óriási árnyak estek közénk, vad fák árnyai.
Így vetkőztünk,
De soha nem nyúltunk a szavakhoz. Mert volt még valamilyen
Furcsa szemérem közöttünk, a szavaink szemérme, ez. Bonyolult
Lepel volt ez, nem voltunk mi költők és nem jártunk
A szavak közé, mert féltünk a szavaktól, mennyire féltünk tőlük,
Ismertük, tudtuk őket! S hogy most mégis
Levetem ezt a szegény, lerongyolt
Szót, ez nagyon nehéz, ez a végső meztelenség. Ezért nyújtom ilyen
Félve, szikrája felrobban, szemet vakít, mint a nagy, névtelen
Tüzek, miket a természet gyújt oktalan éjszakákon
S leülünk mellé meztelenül és didergünk, mert sötét van és hideg:
Szerelmesem.

Undressing Song

Now I'll tell you this, all the same. Because it's precisely the heavy and painful
Secret of our contract: there will come a time when we have to hand
                                              everything over –
Not just friendship, or money, or silence,
Not even the rumbling trains, nor the landscapes where I took you with me,
Ever more remote, while with your two eyes large as a child's
You already were looking back on our life – across a thousand kilometres –
The way an adventurer looks at the landscape from a train. And you saw
Little lambs there, grazing, their little lives, and with courteous smiles
We let them pass and went to the dining car, or to a hotel.
Oh how many hotels, how many landscapes, how many people, my dear!
Like a nervous traveller reaching for his thin wallet, so I, too, often reached
For you in alarm. And eventually we told each other everything.
We also learnt to be silent. Sometimes night would come down on us
And huge shadows fall between us, the wild trees' shadows.
                                              We undressed thus,
But we never touched the words. Because there was still some sort of
Odd modesty between us: the modesty of our words. A convoluted
Cloak: we were no poets and we didn't go
Among the words because we feared words – how we feared them:
We were familiar with them, we knew them! And now that, all the same,
I take off this poor, ragged
Word, it's very heavy, this final nakedness. This is why I hold this word out
So fearfully: its spark can explode, blind our eyes like the great, nameless
Fires that nature lights at night, at random,
And naked, we hunker down beside and shiver, for it's dark and cold:
My lover.

Mikó utca

Szerettem azt a sor gesztenyefát.
Azt hittem, építek itt valamit
S erős kulcsra csukom le és öles
Zárakkal zárom el és játszhatom
Az életem. De aztán elröhögtem
Az egészet, néztem, s nevetni kellett
E bús fontoskodáson. Mi ez?... Én
E földön csak homokra építek
Mindenfelé s mást nem is akarok,
Csak élni borotválatlan, sötét
Szobákban ébredni fel és sokáig
Nem mozdulni, hallgatni, egyedül
Skandálni szavakat, kíváncsian
Piszmogni valami munkán, ami
Felesleges. Azóta élek itt
Megnyugodva s tudom, hogy holnap is
Indul vonat valahová, se ágy,
Se asztal nem köt, s nincsen kacsaláb,
Amin várom elforoghat e földön
S nem értem azt se, hogy a telefon
Nevemen áll a könyvben s elhiszik.

Költő halálára

Most mondják: íme, költő volt biz ez, fényét elfútta Isten, mint a
gyertyát,
S ha költő hal meg, a világ setétebb, annyival csak, mintha nem ég a
gyertya,
S egy tizedfokkal hűvösebb az ájer, amiben itt maradtunk, s csendesebb
is.

Mikó Street*

I loved that row of chestnut trees.
I thought: there, some day, I will build
Something I'd close up with a massive
Key in a gigantic lock,
And play at life. But I laughed off
The whole thing: looked, and had to laugh –
Sad and pretentious… What is this?
On this earth you can only build
On sand, no matter where; that's all
I want, only to live unshaven,
To wake up in dark rooms and lie
Still for a long time, quiet, scanning
Words, alone, to putter about
Curious, at some task that is
Superfluous. Since then I've lived
Here, reassured, knowing tomorrow,
Too, a train departs for somewhere,
And nothing ties me down: not bed
Nor table, there's no magic castle
On earth – and why the phonebook lists
My name, and people think it's true…

On the Death of a Poet

Now they say: behold, this one was surely a poet; God has blown out his
                                    light like a candle,
And if a poet dies, the world darkens by as much as if that candle no longer
                                    burned,
And the atmosphere where we remain is one-tenth of a degree cooler, and
                                    quieter too.

Talán jár valahol, keménykalapban, szájában szivarral, s égő
szavakkal,
Mert a költő szava mindig parázs is, hiába sima, mint a tej s a
bársony,
S lélegzete erősebb, mint az orkán, valami süvölt fogai
sövényén,

Ami fagyaszt és éget. Ő erősebb, mint a kőművesek és óriások.
Gyenge szava a butaság falát jobban vési meg minden
dinamitnál.
Bőgjed hát, kórus, most az érthetetlent: már visszagyúrták sárnak és
piszoknak.

1928

Virágének

Kegyesem, kis piros virágot
Hordok neked: a szívemet –
Éneklő, kényes rímemet
Fonom köré, mint lombos ágot.

Pártádba tűzd, lánymódra járj
S lökd el negéddel, mórikálva –
Nekem majd fiúmódra fáj
S lehajlok a porba utána.

1920

Perhaps he is strolling somewhere in his derby hat, with cigar in mouth,
and burning words –
For the poet's words are always burning embers, even when they're smooth
as milk and velvet –
And his breath is a hurricane, or stronger: something howls along the hedge-
row of his teeth,

Freezing and burning. He is strong – stronger than stonemasons and giants.
His words, weak though they are, batter the walls of stupidity better than
any dynamite.
Then bewail, chorus, the inconceivable: they've already trampled him back
into mud and grime.

1928

Love Flower Song*

My darling, this small red flower on its stem
I bear for you: my heart. It beats in time.
Around it I weave my tender singing rhyme
Like leaves around a branch sustaining them.

Pin it in your headdress like a girlish toy
And daintily, simpering, knowing how it will hurt,
Toss it away: I will feel the pain like a boy,
And I'll stoop to pick it up for you from the dirt.

1920

Luminál

Ez már a csend. A szív jár még, dadog.
Mindig tudtam: „én" nem is én vagyok.

A szív, e lomha nehezék, levontat.
Alul mi van? Még egy felszín? Hasonlat?

Lebuksz a századokba, hamarabb
Mint álma kötélhágcsóján a rab.

Isten rokona! Vinnyogj, sírj. Szegény.
Neved felitta a sár és a fény.

Egy ember voltál, ennyi. Lenn a kedves
Fehér karja a vak sötétben repdes.

Agyad lehúz, mint a hullát a kő,
A földnél mélyebb ez a temető.

S mint múmiát az évezred magánya,
Begöngyöl az álom vak mosolyába,

Már mosolyogsz te is. Ez az egész?
Semminél is alig több zizzenés,

Míg felkáprázik e marék világ itt...
(Ez már csak egy ideg, ami világít.)

The Sleeping Pill (Luminal)

Already silence. The heart goes babbling freely.
I always knew: "I" is not even me.

The heart, this lazy weight, draws you even lower.
What's down there? Another floor? A metaphor?

You plunge deep into the centuries, faster than
The slave climbing his rope ladder to be a free man.

God's relative! Whimper, cry. Poor thing. A shame:
The mud and light have sopped up your full name.

You were only a man. Down there in the blind dark,
The loved one's white arm crumbles and falls apart.

Your brain drags you down as a stone drags an inert
Corpse: this graveyard's deeper than the earth.

And like the mummy swathed in millennial
Solitary dreams, blind smiles of Luminal

Are on your lips, too. Is this it: is that all?
A susurration barely more than nothing at all,

Until the fist of this world sends off a spark
(Your single nerve-light against a world of dark).

Kíváncsian várom a keselyűt

Nem tudom, mikor történt. Semmi se
Árulta el. Szemem, fogam, hajam
Nem adtak jelt. Neve nincs. Szomorúbb
Nem voltam, se vígabb, néztem hideg
Figyelemmel, mit látnom adatott.
Kutyám növését, s emberek jaját
Hallgattam, a kis, együgyű halál
Buta arcát lestem kíváncsian.
Nem tudom, mikor történt. Se a nap,
Az évszak sem jelezte. Tán hotel-
Ágyban feküdtem akkor. Vagy leány
Testét figyeltem, ahogy kéj veri,
Vagy nyakkendőm bogoztam, tán szmoking
Feszült rajtam, sétálva jöttem éjjel
Zenével a fülemben. Öregebb
Se lettem, nem ez az. Csak hirtelen
Elszakadt valami, sugár, fonál,
Hajszálerecske tán, mi kötözött
A többihez, mindenhez, ami él.
Nem vagyok rosszabb. Csak idegenebb,
Magányosabb. Azóta tart. Soha
Nem várok semmire. Szemem nyitott,
Így fekszem éjszaka. Csak idegen
Lettem a földön, ennyi az egész.
A szemétdomb is tul finom nekem.
Kíváncsian várom a keselyűt.

Inquisitively Awaiting the Vultures

I don't know when it happened. Nothing at all
Gave it away. My eyes, my teeth, my hair
Didn't give up. It has no name. I was neither
Sadder nor merrier; I watched with cold
Attentiveness whatever came in view.
My dog growing up; also I overheard
People wailing; I waited curiously
For the stupid face of simple-minded death.
I don't know when it happened. Neither the sun
Nor the seasons gave a hint. Perhaps I lay
Then in a hotel bed. Or I was observing
Lust hammering on the body of a girl,
Or knotting my necktie; or perhaps my tux
Was tight on me, as I strolled out at night
With music in my ears. I didn't turn
Older, either: that's not it. Just, suddenly,
Something snapped: a ray of light, a thread,
Maybe a capillary that connected
Me to the rest, to everything that lives.
I'm not worse. Just a bit more alien,
More solitary. Since then. I never wait
For anything. My eyes are fixed wide open:
That's how I lie at night. I have become
An alien on earth, that's all it is.
The rubbish heap is too high-toned for me.
Inquisitively, I await the vultures.

Júniusi reggel

S így lassan mégis elmaradtam
És gombjaim is leszakadnak.
Poros és kócos rendbe raktam
Emlékét a régi szavaknak.

Lehet, hogy egy hibát csináltam,
Üzentek, s éppen lusta voltam.
Autóztam tán, vagy udvaroltam,
Cikket írtam, vagy nem tudom mit.

Vagy nem mentem a telefonhoz
S lehet, hogy Isten hívott éppen.
Talán kártyáztam egy szobában
És valami másról beszéltem.

Hol romlott el? Uram! Mi történt?
Hol a hiba? Ki tehet róla?
Hisz itt belül minden meleg még
S nem leszek már Savonaróla.

Rekedt nyögés ez csak, nem ének,
Görnyedten és egyedül állok,
És mint a gyerek, kiabálok,
Ha fölébred s fél a sötétben.

June Morning

And, despite all, I slowly lagged behind,
Like this, and the buttons are falling off my vest:
The memories of words of an ancient kind
I had arranged all orderly – dusty, messed.

Perhaps I was acting just a little crazed:
They rang, and it so happened I was lazy,
Driving, or dating? The memory is hazy –
Writing an article, or I don't know what.

Or I just failed to answer the telephone
And it turned out that the caller was named God.
I may have been playing cards in a room alone
While talking of something else, a little odd.

Where did it all go wrong? My God! What occurred?
Where's the mistake? What can be done about it?
Since here inside, all's warm, upon my word,
And I'll no longer be Savonarola without it.

This is not a song, but a gravelly, grunting bark;
I'm standing here stooped over and exiled,
And screaming loudly and crying like a child
Who wakes up and is scared to death of the dark.

Boulevard

Ember vagyok, utcasarkon ténfergek céltalanul, selyemfüggöny
vagyok a találkahelyeken és elérzékenyülés a nők retiküljében,
autók kereke vagyok és a sofőr beteg szíve, füst vagyok, jöttem
és elmúlok, letaposnak és haldokló ékszer vagyok a bankok
fulladt széfjeiben.

Költő vagyok és dagadt orral udvarolok és köszönök,
mint az automata, ízek gyűlnek fel a számban, pénzzel
zsonglírozok és alulról nézek az emberek szemébe, de a
vizek jóságos arca feltükröz engem is, a fiatal kutyák engem
szeretnek.

Öreg pincérekkel beszélek és reszket a kezem. Hol vagy,
ember az emberben, csodálatos pillanat a kanálisok fölött,
mikor a szirénák vonítanak és a kapucsengők felsikoltanak és
a házak homloka sötét lesz és a mellékutcák dohos szobáiban
vak kezekkel tapogatózni kezd az öröm s a rendőr kutyakor-
báccsal szegény próféták arcát hasítja.

Hol vagy, égszakadás, hol vagy, rendetlenség, hol vagy,
lélegzet, hol vagy elektromos fénycsóva a plakáttüzek között,
ami lila vonalakkal sisteregve fölrajzolod az égre a boldogság
édes reklámjait.

Egy liliomot vagy egy meleg kezet, vagy a végtelen térbe
vetíted azt a fényt, ami az emberek szeméből árad, s vakít és
fáj és gyógyít, mint a rádiumok titkos tüze.

Mert a szerkezet pereg még és bírák ítélkeznek komoly
képpel, a nőstény sziszegve eteti egzotikus almákkal a férfit,
kárpitosok függönyt szerkesztenek a nap elé, de az áramok
megremegnek a gépek ereiben, a rádió tölcsére harsogva ordít
bitang gazdái ellen, az elemek elömlenek ostoba játékain-
kon keresztül és a szegény fák vasketreceiben édes, nehéz
gyümölcsöt teremnek a fölrepedt aszfaltok fölött.

Boulevard

I'm a man loitering aimlessly on street corners, I'm a silk curtain over the trysting alcove and welling emotion in women's clutch purses, I'm the tires on automobiles and the chauffeur's sick heart, I'm smoke, I came and I pass, they trample me and I'm the dying jewellery in the bank's stuffy safe.

I am a poet and with a swollen nose, I court and greet people like an automaton, flavours accumulate in my mouth, I juggle money and look at peoples' eyes from under my eyelids, but the water's benevolent face reflects me as well; it's me whom little puppies love.

I talk to old waiters and my hands tremble. Where are you, human within the human, miraculous moment above the sewers when the sirens scream and doorbells ring and the houses' façades grow dark and in the musty rooms off side streets joy begins to feel about with blind hands and the police split open poor prophets' faces with their dog-whips?

Where are you, cloudburst; where are you, disorder; where are you, breath; where are you, electric light-beam amid the billboard lights, that writes sweet advertisements of happiness on the sky with sizzling purple lines?

Into infinite space, you project a lily or a warm hand or that light that pours from peoples' eyes, and blinds and hurts and cures like radium's secret fire.

For the clockwork still runs and judges with stern countenances pass sentence, the female, hissing, still feeds exotic apples to the male, carpet-layers set up curtains to cover the sun, but the currents still tremble in the veins of the machinery, the radio tube still blares against its villainous owners, the elements engulf us through our stupid toys and the poor trees trapped in their iron cages bear sweet heavy fruit above the buckled pavements.

S jövök és elmúlok és nevetek az időben, nevem láthatatlan tintával írom az ébredő világ panaszkönyvébe, a szívem könnyű s az emberek pulzusát fogom. Áldott légy, láz, áldott légy, robbanás, ami fölhasítod az ívlámpák üveggyümölcseit és kék virágokat lóbálsz a pólusok pattogó jégtengerei fölött.

A pincérek ebédelnek

Délután négykor mentem el a Café Pressbourg előtt, a pincérek a vendégek asztalainál ültek és ebédeltek.

A Boisból jöttem és haza akartam menni, minden különösebb meggyőződés nélkül, mert soha nem biztos, melyik cím az igazi és hol az otthon? –

– (De itt vár a kutyám, s rágja azt a faolvasót, amit Jeruzsálemből hoztam, s egy arab az egész életét leimádkozta rajta.) –

– (Milyen kék volt a tenger és éjszaka hideglelősen álltam a hajón, mert ember vagyok és megadatott nekem tudni az idegen szenvedésekről is, amiket egy helyesebb módszerrel meg lehetne talán valamennyire osztani,) –

– (de erre már csak szkepszissel tudok visszagondolni, mert például egy bostoni milliomosasszony spleenje nem ugyanaz, mint üveget fújni Speziában reggel hattól délután hatig, s nem tisztelem a lélek náthait és nem mondom többé, hogy a gazdagok is jók,) –

And I come and I pass and I laugh in time, I write my name into the awakening world's complaints log with invisible ink, my heart is light and I count the pulse of the people. Blessed be you, fever; blessed be you, disorder; blessed be you, person behind the people; blessed be you, explosion that blasts apart the glass bulbs of the arc lights and lobs blue flowers over the crackling ice of polar seas.

The Waiters Are Dining*

I passed in front of the Café Pressbourg at four in the afternoon: the waiters were seated, eating at the guests' tables.

I was coming from the Bois de Boulogne and intended to go home, without any particular conviction, since it's never certain which address is the true one and where one's home really is.

– (But that's where my dog awaited me, chewing the wooden reading stand I'd brought from Jerusalem, the stand at which an Arab had prayed away his whole life.) –

– (How blue the sea was – and I stood on the ship at night, chills running down me, because I'm a man and it is given to me to know too of foreign sufferings that one might be able to mitigate with a better system,) –

– (but I can only think back on this with scepticism, since for example the spleen of a Boston heiress is not the same as blowing glass in La Spezia from six in the morning to six at night, and I don't honour the sniffles of the soul and no longer say that the rich are good too,) –

– (mert nem jók, hanem gazdagok.) Nincs semmi pozitív, csak a gyönyör. Mindenért meg kell fizetni. Csak a jóságért nem kell megfizetni és a szenvedésért. Ezt mondottam magamban –

– s nem hiszem többé, hogy egy szép könyv tud úgy fájni és komplikálni egy lélekben, mint a pincérek lábán a tyúkszemek –

– ezt aztán nem hiszem el soha többé. –

– Egyebekken virrasztok a világ fölött, mert Isten gyufaszálat adott a kezembe, amivel tüzet kínálok mindenkinek, aki egy cigaretta erejéig feledkezni akar –

– mert egyébhez nem értek, Szent Antal, könyörögj érettem. –

– De a pincérek délután négykor sápadtan ültek a vendégek asztalainál a vörös szofákon, nyakuk köré csavart törlőronggyal és ingujjban, izzadtan és szótlanul, s ebédeltek a bepiszkolt lokálban újságpapírok, szemét, kihűlt zsírszag és megalvadt dohányfüst közepette. –

– Közös tálból ettek és savanyú szag csapott ki az utcára, délután négy óra volt, az Eiffel-toronyban egy hölgy hamisan énekelt lengyel dalokat, forgott az egész verkli és a lakosok túlnyomó többsége meg volt győződve a szisztéma céltudatos helyességéről –

– és minden ebédek íze felémelygett a számban és minden Lázárok éhsége a gazdagok asztalai előtt megcsavarta a gyomromat és minden idegen nyavalyák és kétségbeesések átka artikulátlanul kijött a torkomon.

– (because they're not good, but rich.) There is nothing positive except pleasure. You have to pay for everything. Only goodness and suffering are free. I thought this to myself –

– and I no longer believe that a beautiful book can hurt and complicate in a soul like the corns on the waiters' feet –

– no, I'll never believe this again. –

– In other matters I keep vigil over the world because God put a matchstick in my hands, with which I can offer a light to everyone who wants to hang around for the length of a smoke, –

– for I don't understand anything else, St Anthony pray for me. –

– But the waiters sat, pale, sweaty and silent, on the red banquettes at the guests' tables at four in the afternoon, in shirtsleeves and with their towels wrapped around their necks, and they ate in the filthy bistro amid the newspaper, garbage, smell of congealed grease and stale cigarette smoke. –

– They ate from a common serving-plate and a sour smell spilled onto the street, it was four o'clock in the afternoon and on the Eiffel Tower a woman sang Polish songs off key, the whole clockwork mechanism whirred and the great majority of the populace was convinced of the proper purposeful functioning of the system –

– and the taste of every meal came up as heartburn in my mouth and every instance of Lazarus's hunger at the rich man's table churned my stomach and the curse of every foreign malady and despair spilled inarticulately out of my throat.

Idegen szerető

Az ágy fölvett, mint egy táj a vihart. Ha elvonulsz, mi marad
itt utánad?
Nem ismerem a szemedet és dörömbölök most rajtad.

Bocsáss meg, idegen szerető, hívlak és kiáltom, bocsáss meg. A kezem
Hiába fogja meg a fejedet, már széjjelhulltál, mint a kéneső
Mohó és durva ujjaim alatt, idegen anyag vagy, mint
az öröm.
Lehet, hogy ének vagy és én süket. Lehet, hogy fény vagy s én vagyok a vak.

Mért nem adsz jelt, csodálatos elem, füttyszó, állati nesz, ami
Megtöri ezt a gonosz varázst, s az idegen test vére zúgni kezd
A föld és a te véred ütemére. Százszoros visszhanggal
dobolva fel
A szíved dobbanását s életed taktusát fölvenné, mint a folyó
Az idegen folyó ömlését, biztosan és észrevétlenül ölelve át
Társát az ég alatt és fut tovább a mély tájak között, nagy
s meztelen
Ömléssel, tisztán s egyenletesen.

Nyílj meg ember, mint egy folyam! Szomjas vagyok! Szólj és
én szólok!
Tapogatjuk egymást, vadak vagyunk s színes tollakkal
kelletjük magunkat,
Tüzet raktunk most idegen anyagból és táncoltunk, de a
tűz kialudt,
Sötétedik közöttünk, este lesz és mi ketten élni fogunk
tovább
Idegen fák alatt, már nem is látlak és vadmadár leszel
álmaimban.

Unknowable Lover

Like a countryside raising a storm cloud, the bed raises you. If you blow over,
                              what will be left behind?
I don't recognize your eyes and now I pound on you in frustration.

Forgive me, Unknowable Lover! I call and shout louder, *Forgive me!* My hand
Still reaches for your face in vain, you've already dispersed like mercury
Between my rough and greedy fingers; you are unknowable matter, like
                              happiness.
You may be song, and I am deaf. You may be light, and I am blind.

Why do you offer no sign, no magic element, whistled signal, or animal rustle
To break this evil spell, for this unfamiliar body's blood to begin to hum
To the beat of the earth and of your blood? Amplifying your heartbeat with
                              a hundredfold
Echo, it would follow your life's rhythm, as the river
Surely and imperceptibly enfolds the arriving flow of the foreign river,
Its mate, and runs onward under the sky and through the deep countryside
                              in a large and naked
Flow, cleanly and evenly.

Open up, you human creature, like a stream! I'm thirsty! Speak, and
                              I'll speak!
We palpate each other, we're wild and we deck ourselves out with colourful
                              feathers,
We've built a campfire of strange materials now and we've danced, but the
                              fire died out,
Darkness comes flowing between us, night will drop down, and we two will
                              go on to live
Under exotic trees, already I no longer see you, and you will become a wild
                              bird in my dreams.

Csillag

Olyan messziről ért el hozzám a szemed,
Mint távoli csillagok fénye, melyek
Talán le is hulltak már az égről, mire szemem
Sugarukat felfogta.
Mire a fényévek elhozták hozzám szemed sugarát,
Már nem is én vagyok, akit látsz
S én úgy gondolok reád és nézlek életem peremén,
Mint fénylő valóságra.
Csillag,
Millió élet lehet benned és gyantás erdők,
Madár lehet benned és boldog, őszinte emberek.
Fényed a szemem éri,
De már tudom,
Hogy rég lehulltál a mocskos tejutak végtelenjén.

Hősköltemény a fehér egerekről

*(Ezt a verset theozofiai és élettani társaságok ülésein
érzékeny hangú tenorista olvashatja csak fel.)*

Kronológiailag pontosan öt perccel egy óra után volt délben –
Greenwichi időszámítás szerint –, hogy e sorok írója, a fiatal
költő tétlen,
Egy állatkereskedő kirakata előtt – a 62-es villamosból szállt ki –
megállott
S nézte, ahogy félpercenként egy vöröshártyás valami megtisztelte
a világot,

Egészen piros ittlétével, amennyiben megszületett. A fiatal anya,
menyecske még

Star

Your glance has reached me from so far,
Like the light of distant stars
That might already have fallen from the sky
By the time my eyes perceived their rays.
By the time the light-years brought your glance to me,
I no longer even exist – the one you see –
And I see you on my life's perimeter and think of you
As luminous reality.
Star,
You may contain a million lives, resinous woods –
You may have birds and happy, honest people.
Your light reaches my eyes,
But I already know
That you've long since fallen on the infinity of grubby milky ways.

Epic of the White Mice

*(This poem may only be recited at gatherings of theosophical
and biological societies by a tenor with a sensitive voice.)*

It was, chronologically speaking, precisely five minutes past one –
Past noon, Greenwich Time – when the author of these lines, the idle
young poet,
Stopped – alighting from the Number 62 tram – in front of a pet store
window display
And watched as some red-placenta-covered thing honoured the world every
half-minute

With its red-drenched presence, as it was born. Meanwhile the young mother,
the little bride,

Szinte, kacér loknival rózsás fülei mögött, lábait görcsben
vetette szét.
Merev állásban, gyöngy fogaival a ketrecrácsba harapott
S így rángatózva a fájdalomtól szült rakásra fehér egereket,
számszerint hatot.

A téren téli nap sütött és csönd volt. A kirakatból az üvegen át is
elég büdös
Levegő ömlött s a fiatal költőnek módja volt most céltalan
és bűnös
Életéről gondolatokat csinálni, amik erre beállított agyával nem is
estek nehezére
S így állt ott és bámulta, mint csorog a menyecske-egérnek a vére.

A fűrészpor piros volt már alatta. No igen, gondolta a költő, nézd csak, ott
a kirakatban
Kiszakadt most egy csomó új élet (ilyen intelligensen mondta, mert nagy
ökonómiája volt a szavakban).
Ez nékik biztosan egészen fontos, a hat hártyás porontynak és
az anyának,
Fontos, sőt valószínűleg esemény ez nekik, hogy megszülettek és látják
egymást és fáznak

És tátognak és bőrük kocsonyásan reszket, anyjuk vérében forgatják
magukat.
Biztosan éhesek is már szegények s a kirakatból bámulják a
hósáros utat,
Amelyen konflisok támolyognak és költők és rendőrök és nagy, szürke
felhők az égen.
Bizonyosan éhesek szegények és nem tudják, hogy kabinetválság van
Németországban éppen

Coquettish ringlets still behind her rosy ears, stretched her legs wide apart
in a spasm.
Standing stiffly, she bit the cage's bars with her pearly teeth
And, writhing in pain, gave birth to a string of white mice:
six, to be precise.

A winter sun shone on the square and it was quiet. Even through the shop
window, air, fairly
Foul, poured out and the young poet now had cause to think thoughts
about his
Aimless and sinful life – thoughts that were not all that difficult to think,
given his mindset –
And he stood this way and stared as the tiny mouse-bride's blood gushed,

The sawdust under her already red. Well, yes, thought the poet, just look:
there in the storefront display
A bunch of new lives have burst forth (he phrased it thus, intelligently,
being so economical with words).
This must surely be extremely important for them, for the six placenta-
covered brats and their mother,
Important, and indeed it's likely an Event for them that they've been born
and see each other and feel cold

And their mouths gape and their skin trembles like aspic as they twist and
turn in their mother's blood.
They must already be hungry, poor things, and they stare through the pane
at the slushy road
On which hansom cabs trundle, and poets and policemen, and great grey
clouds in the sky.
They're surely hungry, poor ones, and they don't know a cabinet shuffle
is going on in Germany right now

S hogy Poincaré szablyáját köszörüli s Einstein felolvasást
tart Japánban. –
A hat egér összebújt műveletlenül s az anya most halálra
váltan
Melléjük döglött, egészen kiadta magát, neki már nem kellett étel, sem
szerelmi játék.
Ő megtette kötelességét e világon, megszülte a hatot és megszolgált a
halálért.

S Isten tartotta most kiürült testét tenyerében s lágy ujjakkal vörös szemeit
lezárta.
Finom kis lábai rángatóztak csak, mint a zenére, a görcs és a fájdalom
taktusára,
Miközben a sarokban az apaegér, röstellem el is mondani, mert alig hinné
az ember,
Nemtelen tendenciával egy öregebb nőstény egeret főzött a gazember.

A fiókák lassan nekimentek az anyának és szopni kezdtek. A nap
eleredt
A decemberi felhőkön át, és furcsa aranyzengésű zene indult a felhők
megett
És minden csillogott és a költő szívébe különös béke költözött,
Mert ott állhatott ő is a kirakat, az aszfalt, a felhők, Isten és az egerek
között

S énekelhetett: „Ecce, mus musculus – hat új élet, legyen nektek hozsánna,
Az ételek boldog íze s a napsütés s a kéj s a fűrészpor puha
párna
E földön. S mint aki vak szemekkel fényességes nagy kincsre
is talál,
Úgy legyen nektek tudattalan és könnyű a halál."

And Poincaré* is rattling his sabre and Einstein is lecturing
                              in Japan.
The six mice crept together uncultivatedly, and the mother, now turning
                              towards death,
Expired beside them: she'd given her all, she no longer needed food,
                              nor love-play.
She'd fulfilled her earthly obligation, she gave birth to the six and gave
                              service unto death.

And God now held her emptied body in His palm and, with soft fingers,
                              shut her blood-red eyes.
Only her delicate little legs writhed, as if to music, to the beat of spasms
                              and pain,
While in the corner the father-mouse, I hate even to say it, for one would
                              scarcely give it credit,
Lewdly screwed an older female mouse: the scoundrel.

The children slowly approached their mother and started to suckle.
                              The sun hid
Above the December clouds and an odd, golden-toned music began behind
                              the clouds
And everything sparkled and an unusual peace occupied the poet's heart,
For he could stand there with the storefront, the asphalt, the clouds, God
                              and the mice

And he could sing: "*Ecce mus musculus* – six new lives: hosanna unto you;
May food taste happy; may you have sunshine and lust; may the sawdust be
                              a soft pillow
On this earth. And like one who finds great glittering treasure despite his
                              blindness,
Thus may death be unconscious and easy for you."

Szemeit lezárta egy pillanatra, mint aki nagy tűzbe lát és fél, hogy
megvakul,
Mert fényesség ömlött a ronda ketrecből, a véres fűrészporból és a
nyughatatlanul
Táplálkozó hat fiatal egérből s béke és erő és bölcsesség és
közöny,
A világ hat élettel gazdagabb lett s a költő szeméből kicsordult a könny,

Amit nagyon szégyellt, mert a boldogság könnye volt ez: hogy minden
rendben van és semmi
Nem történhet velünk s rögtön el is határozta, hogy ma egész
nap pihenni
Fog és semmit a világon nem csinál, ellenben kisétál az állatkertbe és leül
egy padra
S rágyújt egy cigarettára és dicséri az Istent s meleg füstöt fog fújni a
fagyott gallyakra.

He shut his eyes for a moment, like one who sees into a great fire and fears
                                        he'll go blind,
For brilliance blazed from the horrid cage, the bloody sawdust and
                                        the insatiably
Feeding six young mice, and peace and strength and wisdom
                                        and indifference.
The world became richer by six lives and tears trickled from the poet's eyes,

Of which he was most ashamed, since they were tears of happiness: for all
                                        is in order and nothing
Can happen to us, and instantly he decided that today he would rest the
                                        whole day
And do nothing at all: on the contrary, he'd stroll to the zoo and sit
                                        on a bench
And light a cigarette and praise God and blow warm smoke at the
                                        frozen branches.

Book of Verses
[*Verses könyv*]
1945

Az emberek elmúltak, mint az álom,
A házak elrepültek könnyű szárnyon.
A földre néztem. Jeleket kerestem.
Így éltem a bombázott Budapesten.

Egy

A körök körbe s lefele vezetnek,
Az élet minden körrel hűvösebb.
Adj pontosabb hangzást az ékezetnek!
Ne mondj te titkosat, sem bűvöset,
Csak azt a szót mondd... Mint a víz a kőből,
Bokorból láng, s égből tüzes kövek:
Úgy hirdesse e szó, hogy az idő öl
És utánunk halnak az istenek.

Kettő

Másképp van ez. A kígyók is temetnek.
Az angyalok arca sápadt, sovány.
Felhők és indulatok tengereknek
Adják puha lényüket, ostobán.
A tunya törvény vicsorog a mélyben,
Az Isten is komoly. Mit is reméljen?
Szavával, melt hegyeket igazít,
Könyörtelen hívja az igazit.

People disappeared, as if I were dreaming;
Houses flew off and away on featherweight wings.
I stared at the ground. I saw footprints they'd pressed.
That's how I lived in bombed-out Budapest.

One

The curves curve inward, downward and around,
With every curve life grows a bit more chill.
Pronounce the accents with a truer sound!
Don't let the secret slip, the magic spill,
Just say *That Word*... Like water from the rock,
Flame from the burning bush, fire from the sky,
So let This Word announce Time's deadly shock,
And after we are dead, the gods will die.

Two

This is different. Even snakes bury their dead.
The faces on the angels, pinched and sickly.
The seas receive both passions and cloud heads,
Their softest essences yield senselessly.
The law bares its teeth lazily in the deep,
Even God is grave. What hopes can He hope to keep?
With His Word that shifts a mountain range about,
Mercilessly He calls Reality out.

Három

Az élet néma tánc volt. Mint a lányok,
Úgy adta meleg keblét az idő.
A holdfényben egy néger fuvolázott,
Rózsát szagolgatott egy úrinő.
Mint a vadak, mikor félnek s dobolnak
Az oroszlánok vonítják a holdat
S a kenguru is búvik: én, szegény,
E vad varászban mit tehettem én?

Négy

A világ füst, a szó kemény valóság.
Sírodon közönnyel nőnek a rózsák.
Egy szó is nő a sivatag időben,
Szól, mint a sphynx, ki nem férfi, de nő sem
Szerencsétlen, mi neked a világ itt?
a mélyvízi hal teste is világít,
Az emberiség meghal és a porban
Gyíkok osonnak hosszú libasorban.

Öt

Ez a kávéház nem buddhista zárda,
Vigyázzon jól, aki lelkét bezárta.
Egy nő itt régen szenved bazedovban,
Nincs szív, amely szíveddel összedobban.
A telefonos keblén rág az ínség,
A varjak közt van kölcsönös segítség.
A szenvedély tud sírni, mint a gyermek,
Jó az Isten és cukornáddal ver meg.

Three

Life was a silent dance. The way girls do it,
The era yielded up its soft warm breasts.
A black man played his flute in moonlight to it,
A noble lady was sniffing at the roses.
As savages when frightened will drum on
And on, lions are howling at the moon
And the kangaroo is quivering too. Poor me,
What, in this wild enchantment, can I be?

Four

The World is smoke; the Word is hard reality.
The roses keep on growing, indifferently.
One word is growing, in this era's wasteland,
It words itself, a sphinx, unwomanned, unmanned.
You, out of luck, what's this world got for you?
The deep-sea fish's glow is not for you.
All that is human dies, and in the dust
Single-file, lizards flit across and past.

Five

This coffee house is not a Buddhist cloister.
Let him take care whose heart's clamped like an oyster.
One woman here is suffering Graves' disease,
And there's no heart to beat with yours, at ease.
Poverty gnaws in the telephone operator's breast,
Even crows will help each other do their best.
Passion can wail out like a child in pain:
God's good, He beats you with a sugar cane.

Hat

De te csak játszol, mint a tenger és a
Lampion alatt a zöldkörmű gésa,
A holddal játszol és az elemekkel
Szerződésed van, soha ne feledd el.
Pecsét van rajtad és kemény ítélet,
Megparancsoltak neked valamit
S ha csontod latra, húsod fontra méred,
Nem szabadulsz magadtól soha itt.

Hét

A lányok jók, mint a méz és a vegyszer,
Mely bódít s villanyosan ingerel.
Én még hazamegyek hozzájuk egyszer,
Vár egy hideg szó és egy hő kebel.
Kezük korsót emel, de a nyakukban
Mint gyöngyfüzér, a szűz harmat csorog,
Szájuk piros, mert nékik igazuk van,
Kezükben sugárból font ostorok.

Nyolc

Te azt hiszed, az angyal elaludt már,
A fák között tapad az esti szél,
Mint az ökörnyál. Ha most elaludnál,
Az angyal álmodban is elkísér.
Élsz részegen, dülöngve, a bolondok
Kancsi dühével igéznek a dolgok,
Meteor hull rád és vágyak hevítenek:
Az angyal mosolyog. Csak ő segít meg.

Six

You're just play-acting, like the sea, and like
A green-nailed geisha under the lamplight
Play-acting with the elements and the moon;
You're on a contract you must honour soon.
Its stamp is on you and a heavy sentence,
They have commanded something you must bear,
And though you weigh your bones and flesh, repentance
Will never get you out of here to there.

Seven

The girls are sweet as honey, or a drug
That galvanizes and intoxicates.
I'll fly home to them like a ladybug,
Where a chilly word, and a warm bosom, wait.
Their hands raise beer mugs, but the virgin dew
Trickles down their necks like strings of pearls;
Their lips are red; what they say is always true;
In their hands the whip woven from light's awhirl.

Eight

You think the angel somehow fell asleep;
The evening breeze adhering to the trees
Like gossamer. If you now fell asleep,
The angel would be with you in your dreams.
You stagger like a drunk, inside the Age
Bewitching you with a madman's squinting rage;
A meteor strikes you; mad with lust, you rave.
The angel smiles. He, only he, can save.

Kilenc

A haldokló figyel. Az éji lámpát
Nézi komolyan és türelmesen,
Mint a fényszóró, mely a ködön át lát,
Úgy néz át szeme a híg életen.
Kezük emelik, néha mosolyognak,
Egyik tejet kér, más a csillagoknak
Int és elhallgat: mint a gyermekek,
Mikor komoly játékba kezdenek.

Tíz

Aki meghal, csak azt tudja, keményen
Történik akkor vele valami.
Azt mondják, egy csillag fut le az égen,
Néha kuvikolást is hallani.
Ő csak néz és néz: mert most róla van szó,
Hold, állatok, gondolatrendszerek,
Mind rágondolnak. S míg szól a harangszó,
Idegesen néznek az emberek.

Tizenegy

Én télben éltem, mint a katonák,
Szakállam nőtt és körmöm fekete.
Gondolj reám, ha mégy a havon át
S feléd süt még egy szempár melege.
Gondolkoztam s te rózsákat kötöztél,
Hajam tépte a fanyar, közönyös szél.
Megőszültem és álltam a határon:
Őriztelek téged és vad magányom.

Nine

The dying man pays attention, as he dies,
To the night light's serious and patient gaze;
Like a searchlight cutting through the fog, his eyes
Peer through his life's weak, watery final haze.
They raise their hands; sometimes they smile; one calls
For milk; another hails the stars, then falls
Suddenly silent, listening: just the same
As kids about to play some serious game.

Ten

The dying man knows only something hard
Is happening to him. Then, when he's dead,
They say, *Across the sky a shooting star
Slips down*. And sometimes owls will screech, it's said.
He stares and stares: he's playing the starring role.
Moon, animals, systems of philosophy
All think of him. And when his death bell tolls,
Others stare all around them nervously.

Eleven

I lived through winter like a soldier sentry,
I grew a beard, my fingernails turned black.
Think of me, that beyond the snowy country
The warmth of my two eyes is shining back.
I was deep in thought, you were trellising a rose,
The raw wind tore my hair with thoughtless blows.
I turned grey; at my border post I stood:
I guarded you and my wild solitude.

Tizenkettő

A szó a hallgatásban lesz hatalmas,
Mint a görebben a tenyészetek.
Borulj arccal a nedves földre, hallgass,
Isten csak ennyit mond: „Enyésszetek!"
Szavak nélkül mondd el a mondhatatlant.
Aki hallgat, az angyallal beszélget.
Sokan a szélben járnak és fütyörésznek,
A haldoklók némán nézik a paplant.

Tizenhárom

Te Rendetlen, vigyázz, a Rend veszélyes.
A szarvas a vadaskertben megőrül,
A sötét fák alatt a szenvedély les,
Vércseppek csöpögnek a háztetőről.
Zene, magánjog s geometria
Nem őrzik többé rendben a világot,
Esőköpenyben jár az éj fia,
Vadmacska nyí s borzongnak a virágok.

Tizennégy

A semmiből még valamit kitépni,
Neved két kézzel feldobni az égre,
Melleden feküdni és mit se kérve
Az ördögöknek bőrömet ígérni.
Felrobbantani hidat, utat, házat,
Igézni madarat, mely tovaszállott,
Zsebkés hegyével megjelölni vállad,
Meghalni s elfeledni a világot.

Twelve

The word that just keeps quiet will grow stronger,
As, in a Petri dish, bacteria spread.
Fall face down on the damp ground, listen longer,
God only says this much: "Go on! Drop dead!"
Speak the unspeakable without a word.
In silence talk with angels of the Lord.
Most walk about in the wind, whistling away,
The dying ones stare mutely at their duvets.

Thirteen

You, in Disorder, watch out: Order's grievous.
The elk goes crazy in the game preserve,
Passion waits crouching under the trees' dark leaves,
And drops of blood drip from the house's eaves.
Music and Civil Law, Geometry
No longer can maintain the world in order,
In trench coats sons of night stalk shadily,
The wild cats yowl and the flowers shudder.

Fourteen

To wrestle something out of all the nothing,
To hurl your name with both hands to the heavens,
To lie chest down, not asking anything,
To pledge your skin – your own skin – to the devils.
To blow up bridges, houses, roads and lives,
To bewitch the one that got away, that bird,
To scar your shoulder with the point of a knife,
To die and to forget about the world.

Tizenöt

Úgy építlek, mint a kagyló a gyöngyöt
Nem vagy sehol, s ha vagy, milyen kevés!
Emberré lesznek a nyálkás göröngyök
Téged lassan épít a szenvedés
Anyagodon az emlék átvilágol
Leborít a vágy, ez a könnyű fátyol
Emel és tart a süket szenvedély:
Anyagtalan kő vagy, szerelmes éj.

Tizenhat

A kancsi fény, amely szemedben égett
A köd, amely szemem egyszer befödte
A kesztyű, melyen átdobolt a véred
A vágy, amely testem gúzsba kötözte
A perc, amely rikoltott és elillant
Az élet, ami nélküled is élet
A kéz, amely eloltja most a villanyt
A szó, mely meghal s nem hív vissza téged.

Tizenhét

Úgy jött, mint a pálma a sivatagban
Árnyéka volt és mézédes gyümölcse
Tevék és számumok között haladtam
Mint a kétely és megismerés bölcse
Eltikkadtan bámultam fel az égre
Mit akart velem Allah és mivégre?
Mért volt a kétely és a szomjú kín?
Így vándoroltam, árva beduin.

Fifteen

I build you as an oyster builds its pearl.
You're nowhere, and if you are, how very small!
People sprout out of slimy clods of marl.
Suffering builds you slowly larger, tall.
By memory your substance shines throughout.
Desire, this light veil, wraps you all about.
Blind passion lifts you up and holds you tight:
You're insubstantial stone, O amorous night.

Sixteen

The light askance that blazed up in your eyes
The fog that cloaked my eyes and kept them shut
The glove through which your pulse would dip and rise
The lust that tied my body in a knot
The minute that escaped us with shrill cries
The life without you that is still a life
The hand that switches off the electric light
The word that fails to call you back and dies.

Seventeen

It showed in time, like a palm in desert lands
Affording shade, dripping with honeyed fruit
I pressed on through the camels and whirling sands
Like the Wise Men charged with recognition and doubt.
I gaped at the blazing sky, about to faint.
What did Allah want *with* me? what complaint?
The doubt and thirst both tortured me: but why?
A wandering orphaned Bedouin am I.

Tizennyolc

A nap égette, könny felmarta orcám
Szél cserzett és én tudtam ez az út
Hozzávezet ez ösvény s végre hozzám
S ki nagyon fáradt, végül hazajut
Minden lépés ezt mondta: majd a végén
Túlhaladsz az értelem bús sövényén
S az út értelmét végülis megérted:
Így tudta meg, hogy elérted.

Tizenkilenc

Aztán kinyílt az ég, mint Jákob álma
A vándor térdelt és csodálkozott
Dús árnyad elborított, ifjú pálma
És harmatod most tisztára mosott.
Harmatban és illatban állok itten
S csodálkozom, mért tette ezt az Isten?
Hűs törzsed leng a szélben, hallgatok.
Hallgat a sivatag, s a csillagok.

Húsz

Thalatta! Só és jód! Már csak az álom
Mélyvizében dereng, mint a hajók
A sötétfényű, kék és zöld dagályon.
Foszforeszkál egy hasas vízipók,
Fűrészhal reszelget a gyorsnaszádon,
Rozsdás fövenyből ősz fű nő alatta,
Összefolyik a tenger és az álom –
Aludj, merülj, kiálts, rokon! Thalatta!

Eighteen

The sun burned it, tears scarred it, my face;
Weather turned it to leather; I knew this road
Was the path that leads at last to my own place,
Where I, exhausted, will at last unload.
Each step said this: at the foot of this declension
You will pass beyond the sad fence of comprehension
And finally grasp the purpose of the road:
At last it has led you home. You can now unload.

Nineteen

Then the sky opened up as in Jacob's dream,
The wanderer knelt, in wonder and awestruck.
Your soft shade sheltered me, green youthful palm,
And now your dew has washed me clean of muck.
I'm standing here in dewy, scented air,
And wonder why God did this, took such care?
Your cool trunk sways in the wind. Silent, I listen.
Silent, the desert listens; the stars glisten.

Twenty

Thalatta! Brine and iodine! Only the dream
Now glimmers in deep water, like the ships
High on the wine-dark tides, aquamarine.
A pot-bellied water-spider gives out chips
Of light, a sawfish rasps at a motorboat,
Silvery grass grows out of the rusty grit,
The sea and the dream together flow and float –
Sleep! Sink! Shout, kinsman! *Thalatta!* This is it!

Huszonegy

Aki elszánta magát a halálra,
Figyelmes lesz, mint a jó süketek.
Egy tárgyra néz és az egészet látja,
És az egészben lát egy részletet.
Minden közel jön hozzá, mint az őzek
És minden messze, mint a sós vizek.
A végtelen számára ismerősebb
És a közel kancsin idegenebb.

Huszonkettő

A rózsa fényben égett és kiáltott,
Az égre nézett, mint Jeanne d'Arc Rouenban.
Fogadd el e vad máglyát, a világot,
Van végtelenség is, ha pillanat van,
Ez a nyár máglya, rajta ég az ember.
Hol volt, hol nem volt, a szakálla kender –
S az égő hús körül langy zene kél:
A nyár, a rózsák és a szenvedély.

Huszonhárom

Az indiánt röpíti könnyű csónak,
Páfrányok közt suhan a kánoé. –
Így röpít emléke a könnyű csóknak,
Ne sírj. Skalpod az indiánoké.
Vércse rikolt, körülnézel, s nem érted.
Őserdő zúg, elmúlt az ifjúság,
Soha többé nem hal meg senki érted,
Ülj a földre, s szaggasd meg a ruhád!

Twenty-one

Those who have resigned themselves to death
Become attentive, like the good-and-deaf.
They see the whole in what they look at hard,
And looking at the whole they see a part.
Everything draws near to them, like deer,
And, like the salty sea, draws far away.
The infinite becomes for them the *here,*
They gaze askance at the alien everyday.

Twenty-two

The rose burned in the light and cried aloud,
Like Jeanne d'Arc in Rouen, to the heavenly powers.
Accept this world, this wild fire, without doubt.
There is infinity, if there are seconds and hours;
This summer is the bonfire where we're seared.
Once upon a time, a man with flaxen beard – *
Bland music wafts around the burning meat:
Summer, the rose and the fanatics' heat.*

Twenty-three

The Indian speeds along in his light vessel,
The frail canoe glides fleetingly through ferns –
As the memory of a light kiss speedily lessens.
Don't cry. The Indians have your scalp. Their turn.
A kestrel screaks, you startle: not a clue.
The primeval forest's humming; youth has fled.
Nobody's ever going to die for you.
Sit in the dirt and rend your robes to shreds.

Huszonnégy

A felhőt, a fát, a madarat nézzed,
Már darabokra tört szét a világ,
Nincs erő, mely megtartsa az egészet,
Tanácstalan nyögnek a szilvafák.
Itt egy cserép. Ott egy földrész. Az álom
Párája leng, mint köd a víz felett.
Egy gondolat kihuny a láthatáron,
A vagonban sírnak a gyerekek.

Huszonöt

S mivelhogy a szélnél is illanóbb
S a futópornál nem hűségesebb
S a háló, mit közönnyel fon a pók
Tartósabb és a méreg édesebb,
Élj úgy, mint aki titkos szót hozott.
Hallgass, mint aki tud valamiről.
A néma Isten térdén könyököl,
A szavakat belepi a homok.

Huszonhat

Egyszer ember járt itt, a fák taroltak.
Nézd ezt a tájat, erre ember élt.
A tűzben sárgán feküsznek a holtak,
Ez a szikla meghalt egy emberért.
Reszket a föld, mert emberláb taposta,
A fák nem néznek többé a magasba.
Rőt róka nyí, hiéna fölcsahol,
Mind remeg: embert szagol valahol.

Twenty-four

Watch – contemplate – that cloud, this tree, that bird;
Already the world is broken into bits
No power can keep it turning all unmarred.
The plum trees groan, no counsel in their pits.
Here a pot, there a continent. The dream's
Vapour floats like fog on a reservoir.
On the horizon a thought dissolves in steam,
And children whimper in the cattle car.

Twenty-five

Since it's more fleeting even than the wind
And is less faithful than the blowing dust,
And the web the spider spins, indifferent,
Lasts longer, and its poison's sweet to taste,
Live like a man who's brought a secret gift.
For one who knows, *silent* is how to be.
The mute God leans His elbow on His knee,
And over His words the sands are blown and drift.

Twenty-six

Humans once walked here; trees recorded this.
Observe the landscape: hereabouts lived men.
The dead lie yellow; yellow, the flames hiss.
This rock cliff gave its life for one of them.
The earth trembles, trampled by human feet;
The trees no longer look up from the street.
Hyenas yip, red foxes whimper, too;
All shivers: human smells are blowing through.

Huszonhét

Vigyázz, egy ember! Bukj le! A bozót
Sűrű, a vad erdő is befogad tán,
Sörényével eltakar az oroszlán,
Hiéna nem bántja a bujdosót.
Feküdj kígyóhoz, tigrishez, görényhez,
Mutasd, hogy dög vagy s a jó puma nem mer
Falni belőled! A sás veled érez –
Vinnyogj, szűkölj, rejtőzz, vigyázz! Egy ember!

Husonnyolc

A szenvedély világít. Már sötét van.
Egy állat kullog még zsákmány után.
A bércek ormain alszik a mértan.
Kókuszdiót fal egy orángután,
Ez a világ. Már csak a szenvedély él,
Mint naphta-láng, kék oszlopok között
Komorabb, mint az értelem s a kéjnél
Kegyetlenebb anyagba öltözött.

Huszonkilenc

Itt egy lakás volt, ott egy asszony égett.
Egyszer meg akartam itt halni érted.
Egy utca még vonít, egy ház rikácsol,
Azt kérted, beszéljünk valami másról.
A tűz, mint égi szennyvíz, már lefolyt
A csatornába, két patkány visított.
Szoknyádból letéptél egy véres csíkot,
Az égen megjelent a telehold.

Twenty-seven

Watch out, a human being! Dive below
The dense thicket for the wild woods to sustain:
The lion will conceal you in his mane,
The hyena will not harm you lying low.
Bed down beside the viper, tiger, ferret.
Play possum, the good puma will not dare
Devour you! What you feel, the sedge will share it –
Whimper! Whine! Hide! Watch out! A man goes there!

Twenty-eight

Fanaticism puts the sun to rest.
A beast keeps loping on the trail of prey.
Geometry falls asleep on the craggy crests.
An orangutan tucks a coconut away.
And so it goes. Only fanaticism
Thrives, like naphtha flames between blue posts,
Grimmer than rationalism, clothed in a chrisom
Stitched out of stuffs more merciless than lust's.

Twenty-nine

Here was a home, and there a woman burned.
And here I wanted once to die for you.
A street still howls; a house is screaming too;
You begged, *Let's change the subject*, as you turned.
The fire, like run-off slush, already leaked
Into the sewer where two rats, trapped, shrieked.
You ripped a bloody strip right off your skirt,
And in the sky the moon stood, fully girt.

Harminc

Itt volt a színház, száz kürt felocsúdott,
A zene átjárt tested szövetén.
A páholy bíbor bársonyán a húsod
Égett, mint ez a foszforos lepény.
Kék angyal lengett itt, ezüst köd illant,
A világban eloltották a villanyt,
A játék téboly volt, a láng valóság
S hanyag kezed leejtett még egy rózsát.

Harmincegy

Feküdj le, ez a város ravatal most,
Az ifjúság pihen e romokon.
Ezer házból rakták e katafalkot,
a kék szalont már fölverte a gyom.
Egy templom és egy ló teteme ásít,
Egy férfi könnyű gyermektestnek ás itt
Olcsó sírt, s vén nő dúdolgat, rekedt –
A szél üres szobákban sepreget.

Harminckettő

S ez volt a ház! A boldogság, a hőskor!
Az utcatábla itt hever, szemét
És törmelék lepi, valami őspor –
Itt nézted meg először a szemét.
Lógodi-utca, függőkert, s a nyeszlett
Kandúr a Bellevue omlott kertfalán!
Itt volt helye a roskadt kerevetnek
S a lábnyom még az övé talán.

Thirty

Here stood the theatre, where a hundred-horned
Music woke up and coursed throughout your frame.
On the box's scarlet velvet your flesh burned
Like sifted phosphor on a tart, in flame.
In drifting silver fog blue angels flew,
The houselights dimmed; the outside world withdrew.
The play was nonsense, but the flame was true;
Your fingers let another rose slip through.

Thirty-one

Rest on the bier this city has become,
A bed of ruins youth reposes on.
This catafalque was raised from a thousand homes;
Already weeds have conquered the blue salon.
A church gapes near the carcass of a horse,
A man digs here a small grave cheaply for
A child's light frame; by herself, an old woman hums –
The wind haphazardly sweeps the empty rooms.

Thirty-two

This was the house! The happy Age's Heroes!
Garbage- and rubble-covered, here it lies,
The street sign, buried by the dust of Eras –
Here's where you first stared hard into her eyes:
Lógodi Street's hanging garden, scrawny tomcat
Yowling on the Bellevue's fallen wall!
Here was the spot where the sagging sofa sat,
And that may be its footprint, after all.*

Harminchárom

Ez volt a híd. Itt mentél teleholdkor.
– Félúton a konflis lefékezett –
Clark Ádám építette s a reformkor.
Sirályok lengtek ivei felett.
A korláton sok öngyilkos hajolt át,
Vízben hever most öngyilkos, s a korlát.
Az Alagúton hűs szél szalad át,
Tapogatja a halottak haját.

Harmincnégy

Vigyázz, itt vérbe lépsz, ez itt a sáros
Bástya, a hullák még az égre néznek,
A mélyből füstjel üzen fel az égnek,
Lenn ég valahol a Krisztinaváros.
A „Baltá"-ból a citerás cigánynak
Nyoma veszett, csak bűz maradt s az árnyak
S a Vár-templomban összefekszenek
Döglött lovak és halott hercegek.

Harmincöt

Itt most pihenj meg, ülj a járdaszélre,
A Gránit-lépcső itt zuhan a mélybe.
Az ablak előtt, nyári reggel, boldog
Fényben itt lengtek a gesztenyelombok.
Az ablak mögött regényt írtál, ájult
Másodpercekben az ég is kitárult. –
Itt készültél egy messzi, messzi útra,
Nézz jól körül. Ez volt a Mikó utca.

Thirty-three

This was the bridge. At full moon here you strolled.
Halfway across, the cab braked to a halt –
Adam Clark built it, in the age of bold
Reforms. Seagulls threaded its upcurved vault.
Over its railings many suicides leant.
Now suicides and railings both lie drowned.
Through the Tunnel rushes a chilling wind,
Pawing the hair of the corpses heaped within.*

Thirty-four

Watch it, you'll step in blood: here is the muddy
Bastion, corpses still gaze at the skies;
From the depths up to the sky smoke signals rise,
And far below, Krisztina Town* flares ruddy.
From the Axe, the gypsy zither player's fled,
Only shades are left, and the stench of the dead;
And in the Castle Church, laid side by side,
Horse carcasses and princes in their pride.

Thirty-five

Here, take a break. Sit on the curb, catch your breath:
The Granite Staircase plunges into the depths.
Outside that window, on a summer's day,
In happy sunlight, chestnut branches swayed.
Inside the window you wrote your novel; in
Torpid moments the sky spread out too thin.
Consider: here you prepped to drag your feet
A long, long journey. This was Mikó Street.

Harminchat

Mi jöhet még? A magány és az álom,
Mélyebb, sötétebb álom, mint a bús
Férfikor után jön az esthomályon,
Marad a magány és a pőre hús.
Nincs életed, szobádnak fala nincsen,
Nincs képkeret, sem kép, mit bekerítsen.
Nincs mit siratni. S nincs, aki sirasson.
A szél morog, e halottmosó asszony.

Harminchét

No, ülj a földre és voníts! Ha kedved
Így tartja éppen, hát voníts. A holdat
Igézheted, vagy a vigyorgó holtak
Húsnál holtabb nevét üvöltheted.
Vinnyogj, mint Jób, mert amit ő sem értett
E szemétdombon, te most már megérted
S a múltra, melyet alvilági tűz fal,
Mint vasfüggöny hull most le ez a tűzfal.

Harmincnyolc

Ne csitulj, szív! Ne feledj! A bocsánat
Híg levében ne oldjad föl e vádat!
Ne tűrd, hogy langy közöny és nyomorúság
A kénsavat szentelvízzé hígítsák!
Égj, mint olajtorony, őrült, szökellő
Láng, melyet nem olthat el sunyi szellő.
Pattogj, szikrázz, maradj izzó parázs:
Nem-engesztelt, forró, vad jeladás.

Thirty-six

What *can* come next? Solitude and a dream,
A deeper, darker dream than in the sad
Prime of life – you're further down the stream.
What's left is solitude and flesh unclad.
No life for you, no wall standing to claim
Pictures in frames: no pictures and no frames.
Nothing to mourn. And nobody to mourn it.
The wind, washing a corpse, snarling to scorn it.

Thirty-seven

Well, sit down on the ground and howl! If you
Feel like it, howl. The moon you're howling to
You can invoke, or scream its name instead.
It's deader than the flesh on the grinning dead.
Whimper like Job, for what he failed to master
You've understood, standing on broken plaster.
Down on the past, which hellish flame devours,
This firewall now, an iron stage curtain, lowers.

Thirty-eight

Don't calm down, heart! Do not forget! Do not
Dilute *j'accuse* in a forgiveness broth!
Don't let indifference to pain and slaughter
Change H_2SO_4 to holy water.
Burn like an oil rig and insanely spout
Flame that no sneaky breeze can puff right out.
Crackle and spark, remain a glowing ember,
A wild, hot signaling all will long remember.

Harminckilenc

S mint a kártyás, hajnal felé, ha sárga
Ujjaival a frakknadrág zsebében
Pisztolyt keres, s egy hang ezt mondja: „Még nem!" –
Hőkölj meg és nézz vissza a világra.
Mi maradt még? A hold, Kína, a fjordok –
Szent Ferenc pőrén s halottan volt boldog. –
Vesztettél, állj fel és köszönj. Szemed
Megint a Csillagra emelheted.

Negyven

A hideg Csillag ég, ocsúdj, hazátlan,
Egy másik haza hív, neve Esély,
Födetlen fővel és könnyű kabátban
Veled kalandoz a nyugati szél.
Fürdőszobád a láva már belepte,
De hív a tenger, merülj, meztelen!
A meghittből lépj ki a végtelenbe,
Holt mintákból kelj fel elevenen.

Negyvenegy

A hold, a hold! ő megmaradt! S a titka
Ma sem több, mint amit a tengerek
Tudnak róla: nők vérét igazítja
S amit megérint, hűs lesz s megremeg.
Otthontalanok lámpása, hasonlat,
A versek s a világ egén, vezess!
Holdfény, mutasd a kút tükrén a holdat,
Világ, tükrözd, amit a szív keres!

Thirty-nine

And like the card player, near the dawn light, when
His yellow fingers in his frock-coat pocket
Search for his pistol, but a voice: "Not yet!" –
Draw back and look out at the world again.
What still remains? The fjords; China; the moon –
St Francis dead and naked was most in tune. –
You lost: stand up and say your thanks. And raise
Your eyes again to watch that Star and praise.

Forty

The cold Star burns: wake up, O homeless one,
A different homeland hails you; it's called Chance.
Your head uncovered and a light coat on,
The west wind partners you in its wild dance.
Your bathroom's buried in the lava flow
But the sea's calling: naked, rush into it.
Out of the dead, accustomed patterns, go –
Alive, step lively into the infinite.

Forty-one

The moon, the moon! She's here! Her secret code
Is no more than what seas and tidal rivers
Already knew: she governs women's blood;
Whatever she may touch, grows chill and shivers.
A lantern for the homeless, simile, spell,
In the world's sky as in our verses, you lead!
Moonlight, show moon on the mirror in the well,
World, mirror what hearts search for in their need!

Negyvenkettő

Mutasd a tájat, hol Afrika lángol,
Huszonhat éves fürt hull homlokodra.
Most érkeztél az Istenek nyomából...
Betűket rajzolsz az égő homokba
S amíg pálmák, szerecsenek, kalandok
Között lobogva kémlelsz valamit:
Elhagyod, mint hajód az arany partot,
Az ifjúság parázsló partjait.

Negyvenhárom

Mindent, mi volt, feledhetsz már, de ezt nem!
Forgott a föld és bolygók tűntek el.
Reggel érkeztél meg a Gare de l'Est-en
S azt hitted, minden téged ünnepel.
Az Értelem szikrázott, mint a lámpák,
A nők szemében vad fény lobogott.
Száz frankod volt s két papírdobozod,
A sarkon már a Matin-t kiabálták.

Negyvennégy

Mert költő vagy, holdfényben jársz, az éj les:
„Cordon, s'il vous plait!" – S hang mordul: ez ő!
Henriquet úr, a mindig ünnepélyes
Házmester és temetésrendező.
Magasban élsz, macskák és szenvedélyek
Visítanak szűk erkélyed felett.
Csak a házmester tudja nevedet.
Csodálkozol. Mi az élet? Nem érted.

Forty-two

Where Africa's in flames, present the land,
A twenty-six-year lock of hair tossed back
Across your brow, home from the burning sand,
You trace the letters of the gods you tracked.
And while, midst palms and Saracens and more,
You feverishly go searching for the truth,
Like your ship departing from the golden shore,
You leave behind the shores of smouldering youth.

Forty-three

This you'll remember – forget about the rest!
The world turned and the planets dipped away.
In the morning you drew into the Gare de l'Est
And thought they all were celebrating your Day.
Rationality sparkled like the streetlamps, and
A wild light flickered from the women's faces.
You had a hundred francs, two cardboard cases;
On the corner they were hawking *Le Matin*.

Forty-four

Since you're a poet, fear no midnight spies:
"Door, please!" – "He's here!" A voice you recognize,
Monsieur Henriquet, ceremonious hector,
Your concierge, a funeral director.
You live high up, where passions are aflame
And cats yowl over your garret's balcony.
Only the concierge has learned your name.
You wonder. What is life? You can't yet see.

Negyvenöt

De Párizs zúg, irdatlan szíve dobban,
Kő, szó, fény, hang, minden szívdobbanás.
S ifjú szíved visszadobog titokban,
Többé nem szólítja így soha más.
Verseket hevülsz és hozzá szerényen
Almaboron élsz és fehér kenyéren –
A pék, mikor megcsalta felesége,
Szakállt növesztett és elment vidékre.

Negyvenhat

Valami hív, küld, űz és futni késztet,
A Golf-áram csattog a partokon,
A részletben gyanítod az egészet,
Vonz az idegen, taszít a rokon.
Női karok zárnak be, s Bonnban egy ház,
Velencei bordély s a székesegyház
Chartres-ban, hol kékek az ablakok:
Mind látták kóbor, nyurga alakod.

Negyvenhét

Valami űz! Egy szó, emlék: szabadság!
Valami hív! Az időtlen, a vad
Üzenet, mely tán véredben maradt rád
S megérted, hogy európai vagy.
Betűzöd könyvben, emberben, zenében,
Nincs álmod tőle, nem nyugodhatsz ébren.
Itt Byron hívta, ott Galilei –
Szív nem nyughat, míg nyomát nem leli.

Forty-five

But Paris hums, its giant heart is beating,
Stone, word, light, sound – all things are heartbeat here.
And in return your young heart's secretly leaping;
Nothing, for it, will ever seem so dear.
Wild about poems, you live cheaply, fed
On Norman apple cider and French bread –
Whose baker, when his wife's affection strayed,
Let his beard grow and fled to the countryside.

Forty-six

Something summons, consigns, hunts, sets you running;
The Gulf Stream rubs its side against the shore.
You see the whole inside the part, with cunning;
What's alien draws you; what's known, you deplore.
You're held by womanly arms, by a house in Bonn,
A Venetian brothel, and by Chartres's well-known
Cathedral, where the windows are so blue:
All watched your lanky, vagabond form pass through.

Forty-seven

Something hunts you! A word, a memory: *Freedom!*
Something summons! The immemorial, fierce
Message, perhaps, that in your blood inheres
And makes you understand: you are European.
In people, music, books, you feel its ache;
Not in your dreams, but restlessly awake.
Here it was Byron's, there it was Galilei's –
The heart can't rest until it feels its trace.

Negyvennyolc

Tengerre szállsz, az ősi dajka ringat,
Szájad égeti az a sós lehelet.
A Szabadság elhagyta partjainkat,
Szomjan kell hát nyomában útra kelned.
Sziklák fehérlenek és mint hazádnak
Oly sok hazátlan, nyugtalan fia,
Először veted szabad földön ágyad:
S nagylelkűn őrzi álmod Anglia.

Negyvenkilenc

Zöld gyepre lépsz, kék sárkány ring az égen,
Shakespeare járt itt és Stuart Mária.
Túl minden hívságon és szenvedélyen,
A Hyde-parkban alszik Titánia.
Tengernagyok lepkét fognak s a hordó
Kong néger s hindu szónokok alatt,
De ha éjjel zörgetik kapudat:
Biztos, hogy csak a táviratkihordó.

Ötven

Az óriási díszlet most kitárul,
A Sziget körül fénylik a világ.
Fény villan föl az Óperencián túl
S új tájkép dereng annak, aki lát.
Nem zárhatnak már semmiféle ólba,
Megtagadsz minden meghitt kalodát.
Megismertél egy igazibb hazát
A hazák fölött. Neve Európa.

Forty-eight

You cross the sea, that eternal nurse whose roars
Rock you to sleep, whose salt breath stings your mouth.
Freedom has already left our shores;
Thirsty for it, you trail it from the south.
The White Cliffs gleam and, like so many sons
Of your old homeland – homeless, restless – you
On free soil make your bed and sleep, for once:
England, whose great soul guards your dream now, too.

Forty-nine

You stroll on green lawns; blue kites sway and wheel;
Shakespeare strode here, and Mary Queen of Scots.
Beyond all partisan fanatic zeal,
In Hyde Park Queen Titania's eyes are shut.
Admirals catch butterflies, and the soap box
Resounds to the rhetoric of word-warriors;
But after midnight, if somebody knocks,
It's only going to be the telegram carriers.

Fifty

The gigantic stage set opens to your sight,
And the world glitters around this Island's knees.
The Sea-Beyond-the-Seven-Seas* shines bright
And a new prospect dawns for him who sees.
No longer can they lock you to your shame,
You can forswear familiar pillories.
You've recognized a truer home to prize
Above all homelands. *Europe* is its name.

Ötvenegy

Tágult tüdővel e tágabb világban
Lélegzel, élsz, eszmélsz, ocsúdsz, hiszel,
Vallod, hogy Fejlődés és Haladás van
S az Értelem még csodákat mível...
Firenzében és Oxfordban rajongva
Csodálsz képeket s kéziratokat –
Szegény bolond! Ha tudnád, mily rohadt
Romok között bámulsz majd a csillagokra!

Ötvenkettő

De a világ hív. Déli szélben mákony
Íze kábít, szomjú szád cserepes.
Fakír s varázslat vár az Indiákon,
Hajódon éjszín vitorla repes.
Józanon is részeg vagy és a mámor
Nem nyugtat. Álmodsz. Ez itt Kína, ím:
Két rabló tábornok áll a határon
S hajlongva köszönt egy kis mandarin.

Ötvenhárom

Játszol és álmodsz. Hő véred nem alvad,
Kaland nem hűti lázad, mind kevés,
Mint a hajópadlat, dohog alattad
A föld, s nem szűnik ez a remegés.
A férfikor dereng már, renyhe csend les,
Nem vagy kiváncsi többé, csak figyelmes
S népek zsivajából, mely bábeli,
Egy hang cseng ki... s nem tudsz felejteni!

Fifty-one

Your lungs expand more freely in this wide
World: you live, sense, waken; you believe
And state: Development, Progress will provide,
And Reason still brings miracles alive.
In Florence and in Oxford they display
Paintings and manuscripts never to be forgotten –
Poor fool! If only you could know what rotten
Ruins you'll gape through at the stars one day!

Fifty-two

But the world summons. And the opiate taste
Of the south wind drugs you; and your dry lips craze.
Fakirs and sleight-of-hand await in India,
Your boat sail, dark as midnight, slaps in the wind.
Sober, you're drunk, yet the intoxication
Fails to calm. You dream. Lo, here is China:
Two warlords guard the border of their nation,
Kowtowed to by a Mandarin (he's tiny).

Fifty-three

You play and dream. Your hot blood won't go thick,
The adventure is too slight to cool your fever;
Beneath you, earth thrums like a steamship's deck
Whose quivering tremor never ceases – ever.
Adulthood dawns already; calm is hard.
You are no longer curious, just on guard.
And out of the Babel of human racket, yet
One sound rings out... which you cannot forget!

Ötvennégy

Egy hang... Hívását idegen nem érti.
Mint az anyatej, édes és fanyar,
Zengő és zord, mint a magányos férfi,
Vijjogó, mint az izzó zenekar. –
Franciául suttogsz szerelmet, angol
Jelzőt dadogsz... De most, mikor a hang szól,
Megérted, mint aki hazatalál:
Ez a hang a sorsod lesz, mint a halál.

Ötvenöt

Csak magyarul érted e szót: „Szeretlek."
Pillangó, hattyú, csillag, angyalom
E nyelven lesz csak több, mint fogalom
S ez a többlet halálos végzeted lett.
A világ fénylik, nem vár senki, kába
Irammal mért vágtatsz hazafele?
A nyelv üzent s a végzet szól vele,
Dajkád tárt karja ne várjon hiába.

Ötvenhat

Magyarul akarsz szólni magyarokhoz.
Beszélni Világról és Értelemről,
Könyveket írsz (akad közötte sok rossz),
Kürtöd nincs és Jericho össze nem dől,
De hangodra felel néha egy lélek.
Szavad zavaros porfelhőket ver fel
S amíg kutyáddal sétálsz és öregszel,
Csivog s vinnyog az irodalmi élet.

Fifty-four

One sound... whose hold no foreigner can grasp –
A sound that's sweet and tart, like mother's milk,
Or like a lonely bachelor's barking rasp,
Or screeching like a red-hot band, full tilt. –
You whisper love in French, you stammer nouns
In English... only now, when that sound sounds,
You grasp it, home at last, however late:
This sound will be the death of you, your fate.

Fifty-five

Only Hungarian understands the phrase:
"*Szeretlek*."* Butterfly, swan, angel, star,
Only in it seem more than what they are,
And this excess will finish off your days.
The world shines, no one's waiting, why such pains
To gallop homeward at a dizzying speed?
The language called you, and your fate, your need:
Don't let your wet nurse spread her arms in vain.

Fifty-six

You want to speak Hungarian to Hungarians,
To talk about the World and Mind and Meaning;
You write books (some of them no clarions) –
No trumpet: Jericho's walls aren't even leaning,
Though now and then a soul acclaims your voice.
Your words stir up confusing clouds of dust
And while you walk your dog and slowly rust,
The life of letters squeaks its chirping noise.

Ötvenhét

Otthon van? Hol vagy „otthon"? Csak a nyelvben,
Minden más fonák, zavaros, homályos.
Mint egy barokk képen – arany keretben
Egy férfi –, idegen vagy és magányos.
Sikered van és tudod: félreértés,
Gáncsolnak, s nem tud fájni semmi sértés.
A „Krisztiná"-ban polgár vagy, honos
Szerkesztő úr s házrésztulajdonos.

Ötvennyolc

Magányod mély és ha kitörsz belőle
Zúzott fejjel hátrálsz vissza, te dőre!
Nem tudod még? Nincs otthonod, hazád már
Csak a betű, amelyen nincsen áldás
Még egyszer fény ragyogja át magányod
Lakodból gyermeksírást hallani
Aztán csönd lesz. Felejtsd el ezt az álmot
Már versben sem tudod elmondani.

Ötvenkilenc

Élsz, „úr ír" – s már ideges tűzzel fénylik
A világ, mint vihar előtt a táj.
Villanásokat zord zörej kísér itt,
A távol zúg, zsong, harsan, kiabál.
Mellékmondatot kalapálsz kerekre
S egyszerre mintha görcs állna kezedbe,
Felnéz és iszonyodsz: mint akit
Álmából tűzvész ébreszt s elvakít.

Fifty-seven

Does home exist? Where's "home"? In language only,
Everything else is twisted, muddled, dim.
Like a man in a golden frame, Baroque and lonely,
A painting – you're an alien like him.
You've had success: it's mere misunderstanding;
Censures: no put-down fails to leave you standing –
A bourgeois citizen of Krisztina Town,
A gentleman author in a flat of your own.

Fifty-eight

Your solitude is deep; when you break out of it,
You back-pedal with your head smashed, idiot!
Don't you get it? Your home and homeland now's
The World of Letters, which has no holy vows.
Just once more light will make your solitude gleam –
A baby's crying issues from your home,
And then there's silence. Forget about that dream
Which you cannot relate even in a poem.*

Fifty-nine

You live – "the gent writes" – yet the world's alight
With nervous flame: *Landscape Before the Storm*.
Foreground: gruff rattling flashes left and right,
While the distance hums and murmurs, blares; shouts swarm.
You shape subordinate clauses with your hammer,
When in a stroke – as if your hand had cramped –
You look up, terrorized, like one who finds
Wildfire has shocked his dream and struck him blind.

Hatvan

Az Értelem torz vigyorral kísért meg,
A Haladás lárvát visel, halott
Álcát, a sátán vigyoroghatott
Így a Hegyen, mikor embert kísértett.
Nagy vásárt csap – hisz marad is, meg jut is –
S a piacon ugrál, visít a bugris,
Árul, mint régen a züllött papok,
Búcsút, kötést, és mézes madzagot.

Hatvanegy

Az eszelős zaj felveszi magányod
Barlangod előtt nyögnek a sakálok
Bűzös nyál és frecskelő lepedék
Rondítja az írástudók kezét
Kereszténység! – rikoltják –, Haza! Fajta!
Két telt pofára lakomáznak rajta
És – úgy fájt, hogy nem mondod ki azóta –
Szennyes szájukban jelszó Európa.

Hatvankettő

És a haza? Mit válaszol? A drága
Hangszer, az anyanyelv, most mit felel?
Visszhangzik-e, mint Petőfi szavára,
Vallja-e, hogy most „élni, halni kell"?
Felel – s hátrálva, megborzongva hallod:
Hazám, Arany hazája, ez a hangod?...
Teli tüdővel árul és tagad
Mindent, mi örökségbe rámaradt.

Sixty

Sweet Reason tempts you with a grotesque smirk,
Progress, disguised, adopts a death-mask grin –
Satan might well have grinned thus, at his work
Leading Man to the Mountain, tempting Him.
He strikes a deal – no one need go without –
His market barkers jump and strut about,
Like crooked clergy long ago they hawk
Contracts, indulgences, with specious squawks.

Sixty-one

The lunatic din invades your solitude;
Outside your cave the jackals pant in packs;
Stinking spittle and coated tongues exude,
Befoul the hands of our proficient hacks.
They screech what Christianity! – Homeland! – Race! – is,
They feast on it to double-stuff their faces.
And – this hurts so you cannot speak about it –
The watchword *Europe*'s filthy when *they* shout it.

Sixty-two

And "Homeland"? What does it reply, the dear
Instrument, mother tongue, what is its answer?
Does it ring out, like Petőfi's words – brave, clear –
Protesting "Do or die" against this cancer?
It answers – hearing, horror chills your pores –
My homeland, Arany's home, is this voice yours?...
At the top of its lungs betraying and denying
The whole of its inheritance, it's dying.

Hatvanhárom

Tagadja az Értelmet és a szűzi
Eszmét, a nemes szavak lovagi
Kardvillanását, jó hit már nem űzi
Vérét a szabadságért ontani.
Mit csinál? Pusmog. Markát tartja. Árul
Származást, hitet, világnézetet.
Büszkén beszél a zsidó patikárul
Melyet „igényelt" s ki nem fizetett.

Hatvannégy

A nemzet?... Ez a hangja? Eszme, hűség,
Igazság hangja?... Nem feledted el:
Ez a hang súgta: „mintha pásztortűz ég..."
És: „...lassan szállj és hosszan énekelj"?
Ez sírt, hörgött a döblini szobában?
Anyanyelved volt: hitted, hogy anyád van,
Hallgatod s nem hiszel többé soha:
Nem anya ez. Rút, rideg mostoha.

Hatvanöt

Lúdbőrzöl, hátrálsz. Hang bőg a sötétben,
Gépi hang, szűkölő, ősemberi –
Mene, tekel, ufarsin ég az égen.
Írták fényszórók szellemkezei,
Székesegyházak s jogrendek omolnak,
Ezer év emelte, szemétdomb holnap
S mert az Értelemnek nincs szava több már,
A nagy díszlet szétesik, mint egy ködvár.

Sixty-three

It forfeits Reason and the virgin-clean
Intellect, and the chivalrous flash of swords
In noble words; good faith's no longer keen
To spill its blood, freedom, to burst its cords.
Instead, it mutters. Stands back. Ancestry,
Faith and the old world view, it can ignore.
It brags about the Jewish pharmacy
It "requisitioned" without paying for.

Sixty-four

Is this the nation?... *This* its voice, which spurns
Reason, fidelity and truth? Its strength
Was a whispered "*...as a shepherd's campfire burns*",*
Or a goading "*Slowly soar, but sing at length*".*
Was this what raged in the asylum cell?*
Your mother tongue: you thought she'd taught you well;
In future you won't trust what you are told:
No mother this. A stepmother, hideous – cold.

Sixty-five

All gooseflesh, you recoil. In the dark a high,
Mechanical, whining, prehistoric wail –
Mene, tekel, upharsin burns in the sky,
The searchlights' ghostly handwriting unveils.
Cathedrals, courts, the rule of law, all crumble,
A thousand years being built – tomorrow: rubble.
Since Reason's tongue is tied and its head bowed,
The set collapses, a castle built of cloud.

Hatvanhat

No, ülj a földre és voníts. Ha kedved
Így tartja éppen, hát voníts. Hazátlan,
Ődöngj holdfényben és esőkabátban,
Keresd helyét lábnyomnak s kerevetnek.
Itt egy jelző hever, amott egy vásott
Plakát ígér „bőrtalpú lábbeli"-t.
Halottaid holnap mélyebbre ásod
S egyszer tán hűlt helyed is meglelik.

Hatvanhét

Oly tisztán, mint hegy víz, olyan éles,
Hideg fénnyel, mint a holdsugarak,
Úgy tudjad, mint a vadállat, ha éhes,
Mint tigris, mikor nyers húsba harap.
Tudjad, mint a föld a napot, a hajnal
Az illó szellőt, hús a végzetet:
Hasztalan hívsz segítséget a dallal,
Ki emberrel szerződött, elveszett.

Hatvannyolc

A nap lemegy. Egy város még világít.
Az út mentén dög, alváz, egy-egy ország.
A szélben költők járnak, farkascsordák
Nyínak, s orrontják, mit rejt a parázs itt?
Te költő voltál? Nézd az ember orrát,
Most leesik és lyuk marad helyében.
Mit füstölögsz? A füst meghal az éjben.
Miért dalolsz? A jó halál hajol rád.

Sixty-six

Well, sit down on the ground and howl! If you
Feel like it, well then, howl. O homeless one
In trench coat, roam forlorn by the light of the moon;
Look for their footprints and the sofa's, too.
A stoplight's toppled here, and there a shred
Of poster promises "footwear with leather soles".
Tomorrow you'll dig deeper for your dead;
Perhaps some day they'll find your corpse in its lost hole.

Sixty-seven

Purely as water from a mountain stream,
In light as sharp and chilly as a moonbeam,
Know this, like a wild beast aching to eat,
Like a tiger tearing into its raw meat,
Know this, as earth knows sun, and dawn knows well
A fleeting breeze, and flesh its mortal cost:
Your song is useless as a call for help;
You strike a deal with mankind and you're lost.

Sixty-eight

The sun goes down. In the city, light still wavers.
By the roadside: carrion; trucks; now and then, a country.
Poets drift in the wind. Packs of wolves, hungry,
Howl and nose the embers – what do they cover?
Were you a poet? Look how this man's nose
Falls off, and now a hole is in its place.
Why fume? At night smoke dies and leaves no trace.
Why sing? Good Death leans over you, drawing close.

Hatvankilenc

Ez a sírbolt világ volt s most kitárta
Sötét mélyét, mint egy leprás torok.
Kapaszkodj jól a kósza holdsugárba,
Mint őseid, a conquistador-ok.
Földrészek zengenek a tünde fényben,
Nyög s vijjog, mint Memnon-szobor, a föld.
Felelj a magányosok énekével,
Mind kántál, aki sorsot örökölt.

Hetven

Beszélj a szélhez, ember úgysem érti,
Faggasd az örvényt, hív és nem felel.
A Nappal nézz farkasszemet s az égi
Fényben izzik, mit nem feledhetsz el.
Döngesd az erdőt, felnyög s néma daccal
Hallgat, ember nem kap választ soha.
Keringhetsz a tébolyult madarakkal
És visszahullsz sorsodba, ostoba.

Hetvenegy

A szél elállt, a hold hideg, a tenger
Szürke. A halál jó. Nem látod ott
Az öblöt, hol ember követni nem mer?
A parton hamuban sült városok,
Önts bort a tengerbe, részeg halaknak
Meséld, milyen irtózatos szabad vagy,
Mert ember vagy. S megérted te is holnap:
A múlandó ma sem más, csak hasonlat.

Sixty-nine

This crypt was once a world; through gap-toothed doors,
Look down its dark depths: like a leprous throat.
Cling to the vagrant moonbeam like a mote –
Like your ancestors, the Conquistadors.
In this weird light the continents resound;
As Memnon's statue* grunts and whines, so earth;
With the song of the solitary one, respond;
Everyone chants, who drew his lot at birth.

Seventy

Talk to the wind, since men won't catch your sense.
Interrogate the whirlwind: no reply.
Stare daggers at the Sun; no less intense
It burns on, unforgotten, in the sky.
Batter the forest, it groans and then, defiant,
Stays mute: it never answers back to men.
Whirl with the maddened birds, and yet, compliant,
Fall back into your fate, you simpleton.

Seventy-one

The wind has died, the moon is cold, the sea
Is grey. And death is good. You see the bay
Where no man dares to make his way? And see
The coastal cities baked in ashes – grey.
Pour wine in the sea and tell the drunken crew
Of fish, how monstrous free your status is,
Since you are Man. Tomorrow you'll learn too:
All things that pass are merely likenesses.

Hetvenkettő

(Utóirat)

Mint a varázsló, ki hisz is, nem is,
Elhagyták ember is, meg Isten is.
Súgva, mormogva, ismételve, félve
Felsuttogja vad igéit az égre.
Így mondhassam el én is titkomat,
A szó elszáll, a hús meg elrohad.

De ami szónál, angyalnál erősebb,
Megérintett s lelkem, testem merő seb,
Mint a bélpoklos, kin a Jel világít,
Úgy jelölt meg örökre e világ itt.
Láttam a titkot, s nem hallgathatok,
A Bűn füstje elfödte a napot.

A túlsó partra láttam, a sötét fény
Igézetébe, hol a láng lobogva
Kel és elalszik, Sátán csipkebokra.
A világ messze van már, iszonyú
Ólomhangon vonít a háború.

A parázs bűn perzsel mindent ma itt:
Zsidót, keresztényt, európait.
A házak ajtaját vérrel jelölték.
Akiben hinni érdemes, megölték,
Amiért élni érdemes, gyalázat.
Ágyadban dög, bűzös barlang a házad,
Pecérek kezén a hivők s a hit is.

Megnyíltak kapuid Apokalipszis,
A vérvád vijjog a világ felett.
Aki ma csókol, holnap eltemet,
Akit ma ölelek, holnap halott,

Seventy-two

(Epilogue)

Like the conjurer who will and won't believe,
The people and their God both took their leave.
Obsessively and fearfully they cry,
Murmuring imprecations at the sky.
I bring my secret to the light of day,
The word flies off, while flesh just rots away.
But something stronger than word or angel surely
Touched me, wounded my soul and body purely.
Like lepers segregated by a Sign,
This mark the world made always will be mine.
I saw the secret, and I can't stay dumb.
The smoke of Sin was smothering the sun.
I saw to the far shore, in the dark glow
Of its enchantment, where Satan's burning bush
Flares up and flickers, dies and then goes *Whoosh!*
The world's already far away, the dread
Shrieks of the war, the whistling sounds of lead.
Sin's a hot coal that singes everyone:
The Jew, the Christian and the European.
On their house doors Passover blood was spilled.
Whoever's worth the while to trust was killed –
Whatever is worth living for, depraved:
Corpse in your bed, your house a reeking cave,
Both Faith and faithful in the enforcers' hands.
Apocalypse, wide open your gate stands.
"Blood sacrifice," the earth roars out in thunder.
Who kisses you today, tomorrow digs you under.
She's dead tomorrow who kissed you hard today;

Reggel elad, ki este ringatott.
A világ végén ülök, Babilon
Partjain, már a halált hallgatom.
Az ég, a föld, a víz mind zengenek,
Gyászoljon jól, ki világot temet,
Sirasson jól, aki mindent sirat,
Amit ma toll ír, mind sírfelirat.

1944. Karácsony este

Who rocked you last night, sells you now away.
I sit at the world's end, on Babylon's banks,
Already hearing death's great rattling ranks.
The sky and earth and water toll the bell.
Let one who buries all the world mourn well;
Let those who weep for all, weep all they may;
The pen writes only epitaphs today.

Christmas Eve, 1944

Gleanings
[*Tarló*]
1977

Ujjgyakorlat

1.

Este nyolckor születtem, fújt a szél.
Kassát szerettem és a verseket,
A nőket, a bort, a becsületet
S az értelmet, mely a szívhez beszél.
Mást nem szerettem. Minden más titok.
Nem könyörgök s ne irgalmazzatok.

2.

A csillag benned későn kelt s korán
Nyugszik. Szemedben évek sokasodnak.
Egy vagy a számok titkos rangsorán,
A víz fölveri fényét csillagodnak.
A fény benned végül emberi lett:
Spektrumon túl vagy, ultraviolet.

3.

Mi is maradt belőle? A neve.
Hajának illata a hajkefén.
Egy micimackó, halottlevele.
Egy véres rongy és ez a költemény.
A világ hatalom és értelem,
Nem értem, miért tették ezt velem?

Finger Exercises

1.

I was born at 8 p.m., wind on the march.
I loved my hometown, Kassa; I loved poems,
Women, wine and honour – all of them.
And reason that is speaking to the heart.
There's nothing else I loved. The rest's encrypted.
I do not beg: I don't ask to be pitied.

2.

Your inner star sets late and breaks its slumbers
Early. In your eyes years multiply.
You are one in the cryptic sequence of the numbers,
Water beats up to cover your star's light.
Your inner light became humane at last:
You're ultraviolet, the spectrum is surpassed.

3.

What all remains of him? His name – a breath.
The scent his hair bequeathed to his hairbrush.
A teddy bear; the notice of his death.
A bloodied rag, this ragged poem's hush.
The world is powerful and it means to be.
I just don't get why it did this to me.

Nem pörölök. Élek és hallgatok.
Most angyal ő, ha vannak angyalok –
De itt lenn minden unt és ostoba.
Nem bocsátom meg. Senkinek, soha.

4.

A régi arany ilyen, mint az erdő.
Szemét, haja színét már elfeledtem.
A rongyos szél jár erre csak, kesergő
Füttyeivel s az idő él felettem.
Rekedtes hangja volt. Most felkelek,
Olvasnom is kell, ég az őszi csillag
Szobám felett. Az erdő lombja csillog.
Mit üzensz, szenvedély? Nem értelek.

5.

Az idő hidegebb lett. Mind meghaltak,
Kiket szerettem. Köd fedi a holdat.
Kutyám öreg már, rekedten csaholgat.
Halott fekszik a hóban. Vére alvadt.

A szó csak szó, a hús csak hús, az álom
Köd és zavar. A puszta földre ülj le.
Dallamaid a vad szél hegedülje.
S te hallgass! Élj, mint a pók a pókfonalon.

I won't sue, though. I live and keep my counsel.
If angels be, now he should be an angel.
But down here all is tiresome, nothing clever.
I won't forgive it. No one, ever. Never.*

4.

The ancient gold's like this; it's like the forest.
I've lost the colour of her eyes and hair already.
Only the ragged wind comes through here, bitter,
Whistling, and time passes over my head.
Her voice was sort of hoarse. Now I'm awake
I have to read. The blazing autumn star's
Above my room. The forest branches sparkle.
What is your message, passion? I can't take it.

5.

The weather turned much colder. They all died,
The ones I'd loved. Now fog wraps up the moon.
My dog's already old, his bark rasps hoarsely.
The dead man lies in snow. His blood's congealed.

The word is only word, flesh flesh, the dream
Is fog and chaos. Sit on the bare ground.
Let the wild wind go fiddling your tune.
Hush! Live like a spider on its silky beam.

6.

Mélyebbre essél, mint a kő a vízben.
Jeled marad?... Ne kérdezd! A fodor
A felszínen hullámzik, elsodor
A szél, a víz. Neved is tovalibben.

7.

A pöffedt gomba és a bölcs fenyők,
A páfrányok, e tünde, lenge nők,
A kék pisztráng, a patak, a vadállat –
Mind építik ezt a székesegyházat.

8.

Orbán napja már elszelelt,
Virágja hullt a venyigének.
Azt mondják, dús lesz a szüret
És hangos a szüreti ének.
No, töppedj szőlő, mint a vér,
Nyugtass, taníts bor, mint a vének.
Egyszer mindenki hazaér,
Ember vagyok s a földön élek.

9.

Meghalsz, s vízcseppnél kevesebb leszel.
Meghalok, s egyszer nem találsz sehol.
A kedves sírva mondja: „Nem felel."
Eltűnsz, mint tengerben a meteor.

6.

Drop deeper than a stone into the water.
No trace? Don't ask. The ripples on the surface
Undulate, wind and water wafted off.
Your name too flits away, off even farther.

7.

The puffed-up mushrooms and the wise pine trees,
The ferns, like lissome fairy women, these,
The blue trout and the stream, the animals –
All together they raise up this cathedral.

8.

St Urban's Day's already blown away,
The vine shoots have already dropped their flowers.
The vintage will be bountiful, they say,
The harvest songs will be sung extra loud.
Now shrivel, grape, as blood coagulates,
Calm us and teach us, wine, as elders do.
Everyone comes at last to his own gate.
I am a man; I live on this earth, too.

9.

You die, and you'll be less than a water drop.
I die, and there is no place where you'll find me.
"There's no response," the lover cries and weeps.
You vanish like a meteor in the sea.

Meghalok, s eltűnsz. Mutasd a kezed!
Hol volt, hol nem volt... Hallgasd a mesét!
Bőröd alatt lüktet az erezet.
Figyelj: csillagod gyújtja a setét.

10.

A világ és fény oly hangot adnak,
Mint a fém és az üveg. Ez a reggel.
Minden tárgyilagos: szíved, az ablak.
Hatalmas árnyékuk nő a falaknak.
Hunyd be szemed és köss békét szíveddel.

Asztalodon könyv, egy pohár, narancsok.
Mindenben mély csend, kapocs, összefüggés,
Mint a gyakorlótéren a parancsnok,
Állj életedben s mondd ki a parancsot:
A világ: csapda. Nincsen menekülés.

11.

Ahogy múlik, úgy nő az élet.
Vad akkor is, ha mozdulatlan,
Kalandos, amikor henyélek.
Reng, mikor hulláma se csobban,
Húz, mint a tenger, mikor alszik.
Átlátszó, mint a jó fogalmak,
Meggyőz, mikor sóhajt se hallsz itt,
Kérdez, mikor mindenki hallgat
És egyre sűrűbb, egyre mélyebb.
Egyszerre bűntett és ítélet –
Mert múlik. S múlva nő az élet.

I die, you vanish. Come, show me your hand!
Now, once upon a time... Attention! Hark!
The bloodstream pulses underneath your skin.
Heads up! Your star's ignited by the dark.

10.

The world and light are making sounds like these,
Like metal and like glass. The morning starts.
All is unbiased: your heart is, and the window.
See how they grow, the walls' imposing shadows.
So close your eyes and make peace with your heart.

Your table: oranges, book, water glass and
All deeply silent, tethered link by link;
Like the officer on the training field, you stand
And deliver; you must shout out the command:
The world's a trap. There's no escape. You think?

11.

Life passes, and that's how it grows.
It's just as wild when motionless,
Adventurous when idling slow.
It rocks you when the waves aren't sleepless,
It draws you like the ocean lying.
Transparent, as when good thoughts come;
Convincing, even without sighing;
Questioning – everyone keeps mum –
And ever denser, deeper, low.
It's crime and sentence in one blow –
Because it passes. So Life grows.

12.

Utolsó illatod, végső heved
Ne add ide. Még nem szallt le az éjjel.
Idézlek értelmem igézetével
S hűlő ajkam nem mondja ki neved.

Maradj titok, utolsó szó. A testek
Sötét pecsétje, vallomás, ne törd fel.
Vegyülj, titok, sorsommal, mint a földdel
A víz, a tűz, a halott istenek.

13.

Mi volt értelme? Nem tudom. Mi terve?
Nem adott jelt soha. Mint a vadak
A szűz tüzet, némán imádtalak. –
Ma sem tudom: kerüllek? Vagy kereslek?

Forró ólom, a tapasztalás hűvös
Vizébe öntlek, s kutatom jeled –
Mutatsz Szűzet, Oroszlánt, Gyereket,
Hasonló vagy Számjegyhez és Betűhöz.

Üzensz a testek múló anyagából,
Egy szóban égsz, mint a vad szent a máglyán,
A nyers anyag rejt, mint szobrot a márvány.

Mikor félútra ér, megáll a vándor,
Figyel. Mint a haldoklók körme, kékell
A távol. Alkudj meg a szenvedéllyel.

1939–40

12.

Don't leave me with the scent of your last passion.
Night hasn't yet alighted down.
I conjure you with my enchanting reason,
And my slack lips don't say your name out loud.

Last word, stay secret. Confession, do not spoil
The dark stain of those bodies. Secret, mingle
With my fate, in the way that these all mingle –
Water, fire and the dead gods – with the soil.

13.

What did it mean? I don't know. What's its plan?
It never gave a sign. As wild men do
With virgin fire, I mutely worshipped you.
Today I don't know: do I seek or shun?

I pour you, hot lead, into the cool water
Of my experience, searching for your Sign.
You show me Virgo, Leo, Gemini.
You're similar to both Numeral and Letter.

You beckon from the body's transient matter,
In a room you flare like a wild saint on the bonfire,
You hide in matter, like a shape in marble.

The wanderer pauses midway on his path
To pay attention. Like the fingernails of the dying,
Distance turns blue. Better make a deal with passion.

1939–40

Ámen

A víz, a föld, a nap, a felhő!
A bor, a vér, a csók, az álom!
A fű, a kő, a napraforgó!
A reggelek! A naplemente!
Nádsíp a sás közt! Ébredés!
Bach! Tetem a poprádi úton!
A hajnal, madarak, a versek!
Halottak! Köd! A tenger ősszel!
A mód, ahogy kezét emelte!
Könnyének íze! Seb a számon!
Ó, ámen, ámen, ámen, ámen!

*

Mert így kezdődött, mint egy vers: egy éjjel
Azzal a súlyos, hangtalan zenével –

1940

Hasonlat

Mint a virág, oly tehetetlen,
Mint a medve, büdös és árva.
Fehér, mint régi lányok teste.
Mint a sátán, oly bús, magányos,
Mint hiéna, Jordániában.
Illanó, mint a hús, a sejtek,
Mint a bűn, olyan furcsa, édes,
Oly értelmetlen, mint az álom.
Keserű, mint a dög epéje,

Amen

The water, the earth, the sun, the cloud!
The wine, the blood, the kiss, the dream!
The grass, the stone, the sunflower!
The mornings! The setting of the sun!
Reed pipes amid the sedge! Awakening!
Bach! Carcass on the Poprád road!
The dawn, the birds, the verses!
The dead! Fog! The sea in autumn!
The way that she would lift her hand!
The taste of her tears! Wound on my mouth!
O amen, amen, amen, amen!

*

For this is how it started, like a poem: one night
With that weighty, soundless music –

1940

Simile

Flower-like, and no less helpless.
Stinky as an orphaned bear,
White as girls' skins in the old days.
Satan-like, as sad and lonesome
As hyenas are in Jordan.
Fleeting as all flesh, the cells
And, like sin, as strange and sweet,
Meaningless as is a dream.
Bitter as a corpse's gall,

Mint a szűzlányok frivol álma,
Mint gazdagok szándéka, erjed.
Mint a számjegy, olyan kegyetlen
S hideg, mint a jégtömb a morgue-ban.

1940

Tegezés

A hajad, a kezed, a lábad, a szoknyád,
A szemed, az álmod, a fogad, a nyelved,
A körmöd, a blúzod, a pettyes kabátod,
Szempillád, szájad, sértett nevetésed,
A kölnid, a cipőd, a melled, a csókod,
Unalmad, bánatod, mosolyod, magányod,
Életem, életed, halálom, halálod.

1941

Egy úrleány emlékkönyvébe

Kedves leányka, én most már öregszem,
A két szemem úgy néz, mint két üvegszem
És ritkán álmodom.
Az álmaim olyanok, mint a tények
És minden tény közömbös. Néha félek
Az álmoktól. Ősz fű leng így a dombokon.

A vágyaim is olyan hidegek,
Mint egy gondolat, melyből ige lett,
Vagy jelszó, üzenet.
Ha szédülök, az már nem édes és
Vad kábulat. Csak érelmeszesedés.

Frivolous as virgins' fancies,
Fermenting like rich peoples' wills.
Like a numeral, merciless and
Cold as ice is in the morgue.

1940

Thee and Thine: The Familiar Form

Your hair, your hands, your feet, your skirt,
Your eyes, your dreams, your teeth, your tongue,
Your nails, your blouse, your dappled coat,
Your lashes, your mouth, your offended laugh,
Your scent, your shoes, your breasts, your kiss,
Your boredom, rue, your smile, withdrawal,
My life, your life, my death, your death.

1941

For a Young Lady's Album

Sweetheart, I am already at that pass
When my two eyes look through two eyes of glass.
I very seldom dream,
And when I do, my dreams are factually
True and, like facts, indifferent. Actually,
I fear my dreams. Thus weeds on autumn hills wave in the windstream.

And my desires are cold, are frozen acts,
Like thought that issued from the Word
Or slogan overheard.
If I am dizzy, it is from no sweet garden's
Wild drunkenness. It's that my arteries harden.

És mert most már semmire nincs időm,
Mindig ráérek. A füst ér rá így télidőn
És az emberi élet.
Elgondolkoztató, milyen kevés
Kell ahhoz, ami beteljesedés.
Ezért vigyázz! Veszélyes vagyok. Élek.

1946

Dalocska

Mindenkinek tetszeni nem lehet,
Mint a vadszőlő, deres a fejed.
A nők, e sápadt, sovány angyalok
Kenyérért állnak, rőt hajuk lobog
S mint a répa, retek és mogyoró,
Pattog az ősz és ropog a dió.

Minden megérett. Nézd, itt a kezem.
Szorítsd meg, vágd le... Nem védekezem.
Robban egy szó, mint az őrült atom
Felhőre ülök, lábam lógatom
S reátok így még hosszan nézhetek:
Világháborúk s világnézetek.

S mert a szőlő érett, részeg leszel,
Részeggel a hold versenyt énekel.
S mert férfi voltál, nógattak a nők,
Szomorúan mostak, vasaltak ők.
Szemem is volt, láttam több csillagot
S mert ember voltam, tehát meghalok.

1947

And since I now have time for nothing, I'm
Always at large. The smoke, like this, in winter takes its time,
And so does human life.
It's food for thought, how very small indeed
The needs are which we truly have to heed.
So, dear, beware! I'm dangerous. I live.

1946

Ditty

Not everybody can be pleased, we're sorry,
Like the wild grapes, the hair on your head is hoary.
Women, pale angels, thin and muttering,
Stand in the breadlines, red hair fluttering,
And like beets, hazelnuts and radish bunches,
The autumn crackles and the walnut crunches.

Everything's ripened. Look, here is my hand.
Squeeze it, chop it off. I won't give a damn.
A word explodes like the atom bomb, gone crazy,
I sit on a cloud, my feet dangle off, I'm gazing;
From here I can look my fill on you, you two
World Wars and, still at war, you two world views.

The grapes are ripe, so you'll get drunk as a skunk,
And the moon howls back, howls down at the howling drunk.
And you're a man, whom women will arouse;
Sadly they washed and ironed and kept your house.
I have seen many stars, I had an eye,
And since I'm human, therefore I will die.

1947

Himnusz

Köszöntlek, Boldogság! Iszonyú vendég.
Mutasd az arcod: mintha arcod lennék
S a halál tükre végül megmutat.
Fátyol és lárva hull, a meztelenség
Komor palástját viseled, a test még
Borzong s keresi a sötét utat.

. Neved nincs, hangtalan vagy. Testet öltött
Semmi vagy, húsba s mirigyekbe költött
Rím, ütem, melynek keze, lába van.
Egy pillanat még! Maradj lepleidben!
Éltembe lépsz, tudd meg, hideg van itt benn
S vonító magány, mely határtalan.

A vágyból jössz, melynek tükre ezernyi,
Száz test múló alakját felderengi
Lárvád, s az illanó, bús arcokat –
Mindjét kergette egy sötét fuvallat,
Mint kormot a szél, nyugtalan kaland, vad
Alkalmak parazsán gyúlt Gondolat.

Szülj meg, te Semmi! Itass meg, te Minden!
Tűzhányó, temess láváddal szelíden
S te, Értelem, pihenj lába elé –
Mint véreb, mely vért nyalt s szűkölve érzi,
Komor erő most kushadni igézi,
Akarat, mely több, mint az emberé.

Erő vagy, és szólsz: „Alkóvval ne érd be,
Jere haza a messzi, néma térbe,

Hymn

I greet you, Happiness! Appalling guest,
Show me your face: as though it had been pressed
On mine, and death should mirror us at last.
Veil and mask fall away: you wear the glum
Mantle of nakedness; the body shudders, numb,
Seeking a dark path forward to the past.

You have no name, you're voiceless. Nothingness
Dressed in a body: rhyme and metered stress
Composed of flesh and glands, with hands and feet.
One moment, please! Remain there in your shroud.
You step into my life: a freezing cloud
Of howling, boundless solitude, complete.

You're born out of Desire, whose myriad mirrors
Your mask gives passing forms and shapes the errors
Of a hundred bodies, their sad, darting glances –
A gentle gust swept each one, dark as night's,
Like wind sweeping up cinders, restless flights,
Thought kindled in the embers of wild chases.

Be born, you Nothing! Slake my thirst, you All!
Volcano, bury me in your lava pall,
And Reason, you, lie down before its feet,
Like the bloodhound that licked blood, and feels grim Power
Command it, whimperingly, now to cower,
A Will too huge for humans to compete.

You're Power; you speak: "Don't fold up in that place,
Come home into the mute and distant space

Ahol a Rend él és a Végtelen. –
Haza, hozzám, a vérsejtembe várlak,
Bőrömből és hajamból vetem ágyad,
S a lelked a halálba lehelem."

S én felelek: „Hallgass. Nézz szigorúan.
Gügyögő vágy él minden nyomorultban.
Vizsgáljuk egymást hosszan, hidegen –
Ami teljes, mind hallgat, sose nyávog,
Keverd össze halálom és halálod,
Aki halált hoz, már nem idegen.

Dobd el ruhád, s aztán a tested. Végül
A két hús a halálban összebékül.
Testednél te sem lehetsz irigyebb –
Bízd rám magad, mint én az ösztönödre,
Sorsunk majd eligazítják örökre
Értelmünk s az endokrin mirigyek."

1948

A delfin visszanézett

...A delfin visszanézett. És a zöld
Vízből felszállt a hab.
Sok minden történt. Kékhajú halott leány haladt
Üvegkoporsóban. Lisztes arca volt, kissé dagadt.
Haza akartam menni, de már este volt.
És nem volt útlevél. Nem volt út. Se levél. Semmi se volt.
Töröttkezű vén istenek ültek a parton, porosan.
Egy mongolbeütéses mediterrán munkanélküli megkérdezte,
                              hány óra van.

Where Order has its home, Infinity –
Come home, to me, my blood cells abide for you,
From my skin and hair I make a bed for you,
And I breathe your soul deathward. Come to me."

And I reply: "Be quiet. Listen. Look.
In every wretch Desire's a babbling brook.
Let's scan each other coldly and at length –
That which is whole is quiet, wastes no breath;
Combine my death together with your death,
He who brings death has lost his alien strength.

Toss off your clothes and flesh. When you are done,
At last, in death, our bodies shall be one.
You can be no more jealous than your hands –
Trust yourself to me, as I trust your clever
Instincts: our fates will soon be fixed for ever
Both by our Reason and the endocrine glands."

1948

The Dolphin Looked Back

...The dolphin looked back. And up from the green
Water flew the foam.
A lot happened. A blue-haired dead girl passed by, imprisoned
In a glass coffin. Her face like dough, slightly risen.
I wanted to go home, but it was already nightfall.
And I had no passport. There was no port. No pass. Nothing at all.
Broken-handed old gods, dust-covered, sat on the shore.
An out-of-work Mediterranean man of Mongol mien inquired,
                                                    What's the hour?

Sajka ringott a tengeren és a hajós énekelt.

Siettem, mint aki elfelejtett valamit. Ez a lehetőség még érdekelt.

Vannak területek, ahol az emberek énekelnek és az apákat eltemetik

És a verseket szeretik.

A tisztviselők udvariasan mosolyognak, mint a régi zsidó kereskedők.

És irgalmasan elaltatnak a nők.

A hóhér ismerős ott. Elébb ezt mondja: „Ne tessék félni, nem

fog fájni."

De most fájt valami. Talán a májam. Vagy az anyám. Nehéz

ezt kitalálni.

Lehet, hogy a sztratoszférában van a haza. Ez lehet rossz is, jó is.

A Kossuth-híd előtt 1945-ben egy koldus állott, arcát megrágta a

dermosclerosis.

Talán Szent Antal segít. Vagy elvisz valaki egy levelet.

Csak ennyit írok: „Jól vagyok. A nadrágot megkaptam. Isten veletek."

Sietni kezdtem, mert már sötétedett. A világ rosszindulatúnak látszott.

Talán a Szentföldre kellene menni. Szent Ferenc

járt ott.

A térképek sem megbízhatóak. A könyveket szétzúzta a papírmalom.

Egy menekült lengyel geológus azt mondotta: „Nincs irgalom."

Gyorsan jártam a sötétben. Feltűnő könnyű sietni, ha már

nincs hova.

A tűzhányókban is van valami csökönyös és ostoba.

Egy ember a villanyzongora mellett hangosan számolt, mert

pénzt örökölt.

...A delfin visszanézett. És a zöld

Vízből felszállt a hab.

1949

A dinghy rocked on the sea and the sailor sang, nobody listening.
I hurried like a man who's forgotten something. This might be interesting.
There are places where people sing and bury their fathers,
And love their verse.
The officials smile politely, like the Jewish shopkeepers once did.
And the women mercifully help men shut their eyelids.
The hangman's well known there. He says right off: "It won't hurt.
                              Have no fear."
But now something hurt. Likely my liver. Or my mother. It's hard
                    to be clear.
Maybe home is in the stratosphere. This could be bad or good.
In '45 by Kossuth Bridge, a scleroderma-ravaged beggar
                    stood.
Perhaps St Anthony can help. Or someone will carry my letter away.
I'll only write this much: "I'm well. I got the slacks. God be with you, I pray."
I began to hurry since dark was falling. The world seemed full of ill intent.
Perhaps I should head for the Holy Land. They say that's where
                    St Francis went.
The maps can't be trusted, either. The paper mill pulped the books.
A refugee Polish geologist said: "There's no mercy, wherever you look."
I walked fast in the dark. It's so easy to hurry when you don't know where
                    you're going.
And there's something obstinate and stupid about volcanoes blowing.
Somebody next to the player piano counted out loud: he'd come
                    into a fortune.
…The dolphin looked back. And up from the green
Water flew the foam.

                                             1949

Halotti beszéd

Látjátok feleim szem'tekkel, mik vagyunk.
Por és hamu vagyunk.
Emlékeink szétesnek, mint a régi szövetek.
Össze tudod még rakni a Margit-szigetet?...
Már minden csak dirib-darab, szilánk, avitt kacat.
A halottnak szakálla nőtt, a neved számadat.
Nyelvünk is foszlik, szakadoz és a drága szavak
Elporlanak, elszáradnak a szájpadlat alatt.
A „pillangó", a „gyöngy", a „szív" – már nem az, ami volt,
Amikor a költő még egy család nyelvén dalolt
És megértették, ahogy a dajkaéneket
A szunnyadó, nyűgös gyerek álmában érti meg.
Szívverésünk titkos beszéd, álmunk zsiványoké,
A gyereknek *Toldi*-t olvasod és azt feleli: oké.
A pap már spanyolul morogja koporsónk felett:
„A halál gyötrelmei körülvettek engemet!"...
Az ohioi bányában megbicsaklik kezed,
A csákány koppan és lehull nevedről az ékezet.
A tyrrheni tenger zúgni kezd s hallod Babits szavát,
Krúdy hárfája zengi át az ausztrál éjszakát.
Még szólnak és üzennek ők, mély szellemhangokon,
A tested is emlékezik, mint távoli rokon.
Még felkiáltasz: *„Az nem lehet, hogy oly szent akarat..."*
De már tudod! Igen. Lehet... És fejted a vasat
Thüringiában. Posta nincs. Nem mernek írni már.
Minden katorga jeltelen, halottért sírni kár.
A konzul gumit rág, zabos, törli pápaszemét,
Látnivaló, untatja a sok okmány és pecsét. –
Havi ezret kap és kocsit. A mistress s a baby
Fényképe áll az asztalán. Ki volt neki Ady?

Funeral Oration

Brethren, you see with your own eyes what we are.
We are dust and ashes.*
Like moth-eaten cloth our memories tear to tatters.
Can you ever put Margaret Island back together?
Already, all is odds and ends, threadbare, encumbered.
The dead man grows his beard; your name's a number.
Our language also frays, tatters, its dearest words
Crumble to dust, dry up in the mouth, withered.
Butterfly, pearl, heart – now are not what they used to be
When the poet still could sing in the tongue of the family,
And they understood it, the way a fractious child
Understands his nursemaid's song in his dream running wild.
Our hearts beat a coded secret; we dream of bandits.
You read *Toldi* to your kid: he says, *Okay*, off-handed.
The priest now mumbles Spanish over our coffin:
"The agonies of death have got me locked in."
In the mines of Ohio your hand is hurt – you're maimed –
The pickaxe knocks the accents off your name.
The Tyrrhenian Sea roars: Babits's words* are drumming,
Through the Aussie outback night Krúdy's harp is thrumming.
In deep spirit-tones, they signal, still calling in,
And your body senses its own, like distant kin.
Still you proclaim: *"It can't be that such a holy will…"**
But you already know! It can. And you mine Thuringia's hills
For iron. No letters. They dare no longer write.
Each gulag grave's unmarked: why fuss with the mourning rite?
The consul chews his gum, mad as hell; wipes his specs;
Faced with heaps of forms and stamps, he's thoroughly vexed –
With a thousand a month plus car. His baby's and bimbo's photographs stand on his desk. Who was Ady to him?

Mi volt egy nép? Mi ezer év? Költészet és zene?

Arany szava?... Rippli színe? Bartók vad szelleme?

„Az nem lehet, hogy annyi szív..." Maradj nyugodt. Lehet.

Nagyhatalmak cserélnek majd hosszú üzenetet.

Te hallgass és figyelj. Tudjad, már él a kis sakál,

Mely afrikai sírodon tíz körmével kapál.

Már sarjad a vadkaktusz is, mely elfedi neved

A mexikói fejfán, hogy ne is keressenek.

Még azt hiszed, élsz?... Valahol?... És ha máshol nem is,

Testvéred szívében élsz?... Nem, rossz álom ez is.

Még hallod a hörgő panaszt: „Testvért testvér elad..."

Egy hang aléltan közbeszól: „Ne szóljon ajakad..."

Egy másik nyög: „Nehogy, ki távol sír e nemzeten..."

Még egy hörög: „Megutálni is kénytelen legyen."

Hát így. Keep smiling. És ne kérdjed senkitől: miért?

Vagy: „Rosszabb voltam, mint ezek?..." Magyar voltál, ezért.

És észt voltál, litván, román... Most hallgass és fizess.

Elmúltak az asztékok is. Majd csak lesz, ami lesz.

Egyszer kiás egy nagy tudós, mint avar lófejet,

A rádióaktív hamu mindent betemet.

Tűrd, hogy már nem vagy ember ott, csak osztályidegen,

Tűrd, hogy már nem vagy ember itt, csak szám egy képleten,

Tűrd, hogy az Isten tűri ezt s a vad, tajtékos ég

Nem küld villámot gyújtani, hasznos a bölcsesség.

Mosolyogj, mikor a pribék kitépi nyelvedet,

Köszönd a koporsóban is, ha van, ki eltemet.

Őrizd eszelősen néhány jelződet, álmodat,

Ne mukkanj, amikor a boss megszámolja fogad.

Szorongasd még a bugyrodat, rongyaidat, szegény

Emlékeid: egy hajfürtöt, fényképet, költeményt –

Mert ez maradt. Zsugorian még számbaveheted

A Mikó utca gesztenyefáit, mind a hetet,

What are *folk*? What's a thousand years? What's Music? Poetry?
Arany's language? Rippl's colours? Bartók's soul,* wild and free?
"*It can't be that so many souls...*" Calm down. It *is* that way.
The great powers soon will exchange long communiqués.
You: Silence! Attention! Know the little jackal's alive
Already, whose claws will dig up your African grave.
Already the cactus is sprouting that will cover the new
Name on your Mexican tombstone – no search party out for you.
You think you're still living... somewhere? If nowhere else,
Then in your brothers' hearts? That dream also is false.
You can still hear the hoarse complaint: "*Brother sells out brother...*"
"*Let not your lips speak it aloud...*" breaks from another.
And one more gasps: "*Lest those far away, who mourn for this nation...*"
And another: "*Also be driven to detestation.*"*
Well, so it goes. KEEP SMILING. And don't ask, "Why?"
Or: "Was I worse than these?..." You're Hungarian, that's why.
And Estonian, Lithuanian, Romanian. Now shut up and pay.
In the end, *che sarà sarà*. The Aztecs too vanished away.
One day a scholar exhumes you, like an Avar* horse-head.
The radioactive ash buries all the dead.
Accept it: back *there* you're a non-person class enemy.
Accept it: over *here* you're a non-person nonentity.
Accept it: that God accepts this, and the wild, foaming skies
Strike no one down with lightning: such is being wise.
Smile when the torturer tears out your tongue,
And from your coffin thank the one who buries you, if there is one.
Insanely guard your dreams, your few remaining attributes;
Don't flinch when the headman counts your teeth: stay mute.
Hug tight your bundle of rags, your poor, pathetic
Mementoes: a lock of hair, a snapshot, a poetic
Moment, for these stick by you. Miserly, take stock
Of the seven chestnut trees on Mikó Street, your block,

És Jenő nem adta vissza a Shelley-kötetet,
És már nincs, akinek a hóhér eladja a kötelet,
És elszáradnak idegeink, elapad vérünk, agyunk,
Látjátok feleim szem'tekkel, mik vagyunk?
Íme, por és hamu vagyunk.

Posillipo, 1950

Béke Ithakában: Elő-ének

...Jobb karján a kötél meglazult. Nyújtózott. Az ének
Közelről zengett. Figyelt. Most megismerte:
Ők énekeltek, a szirének.
Rekedtes ének volt, kéjes, olajos. A társak aludtak.
Viasz tapadt fülükben. Álmodtak is. Arról, hogy hazajutnak,
S majd bosszút áll az ifja vagy a véne!...

Felnyögött, tehetetlen. No, hol vagy most Pallas Athéne?...
A tutaj csattogva úszott. Az ősz tenger feltárta rémes torkát.
Az ének távolodott. Vijjogtak a vitorlák.
Egyszerre félni kezdett. Megroggyant keze, lába –
Felnyögött. Félt, hogy hazakerül Ithakába.

1952

Mennyből az angyal

menj sietve

Az üszkös, fagyos Budapestre.
Oda, ahol az orosz tankok
Között hallgatnak a harangok.
Ahol nem csillog a karácsony,
Nincsen aranydió a fákon,

And Gene, who failed to return your volume of Shelley,
And there's no one to buy the rope the hangman's selling,
And our nerves dry up; our blood's as dry as our brains are.*
Brethren, do you see with your eyes what we are?
Behold, we are dust and ashes.

Posillipo, 1950

Peace in Ithaca: Prelude

The rope on his right arm slackened. He stretched. The singing
Rang from nearby. He hearkened. Now he knew what it was:
The song of the Sirens ringing.
Their song was throaty, lustful, oily. His shipmates slept,
Wax clogged their ears. And they dreamt: that once they'd crept
Home, their elders or heirs would take revenge on them!

He groaned, helpless. So where now, Pallas Athena, is your stratagem?...
The creaking craft swam on. The fearsome autumn sea yawned wide.
The song grew distant. Wildly the sails wailed.
Suddenly he felt afraid. His arms and legs then buckled –
He groaned. He feared he'd make it back to Ithaca.

1952

Angel from Heaven,

Now Go in Haste

To charred and freezing Budapest.
There, where amid the Russian tanks
No bells are tolling out in thanks,
Where Christmas doesn't sparkle now,
No golden walnuts deck the bough,

Nincs más, csak fagy, didergés, éhség.
Mondd el nekik, úgy, hogy megértsék.
Szólj hangosan az éjszakából:
Angyal, vigyél hírt a csodáról.

Csattogtasd szaporán a szárnyad,
Repülj, suhogj, mert nagyon várnak.
Ne beszélj nekik a világról,
Ahol most gyertyafény világol,
Meleg házakban terül asztal,
A pap ékes szóval vigasztal,
Selyempapír zizeg, ajándék,
Bölcs szó fontolgat, okos szándék.
Csillagszóró villog a fákról:
Angyal, te beszélj a csodáról.

Mondd el, mert ez a világ csodája:
Egy szegény nép karácsonyfája
A Csendes Éjben égni kezdett –
És sokan vetnek most keresztet.
Földrészek népe nézi, nézi,
Egyik érti, másik nem érti.
Fejük csóválják, sok ez, soknak.
Imádkoznak vagy iszonyodnak,
Mert más lóg a fán, nem cukorkák:
Népek Krisztusa, Magyarország.

És elmegy sok ember előtte:
A Katona, ki szíven döfte,
A Farizeus, ki eladta,
Aki háromszor megtagadta.
Vele mártott kezet a tálba,

Nothing but cold and shivering hunger.
Teach them to comprehend their anger.
Speak it aloud out of the night:
Angel, report a miraculous sight.

Flap your wings fast and furiously
As the wind: they're waiting desperately.
Don't tell them of the world outside,
Where candles shine at Christmastide,
Warm houses with their laden tables,
The priest's uplifting parables;
The tissue rustles round the gifts,
Wise words and clever plans uplift,
Where sparklers glitter on the trees:
Angel, speak miracle to these.

Tell them this wonder of the world,
The Christmas tree of poor folk snarled
In Silent Nights began to burn;
Now many cross themselves and turn,
Around the world, to stare and stare;
Some comprehend, some unaware
Shake heads: for many, it's too much.
They pray, repulsed at what they watch:
Not candy canes hung from this tree
But the Nations' Christ, sad Hungary.

Many of them pass by instead:
The troops who left it stabbed for dead;
The Pharisee who got his price;
The one who had denied it thrice;
Who washed his hands off in its bowl,

Harminc ezüstpénzért kínálta
S amíg gyalázta, verte, szidta:
Testét ette és vérét itta –
Most áll és bámul a sok ember,
De szólni Hozzá senki nem mer.

Mert ő sem szól már, nem is vádol,
Néz, mint Krisztus a keresztfáról.
Különös ez a karácsonyfa,
Ördög hozta, vagy Angyal hozta –
Kik köntösére kockát vetnek,
Nem tudják, mit is cselekszenek,
Csak orrontják, nyínak, gyanítják
Ennek az éjszakának titkát,
Mert ez nagyon furcsa karácsony:
A magyar nép lóg most a fákon.

És a világ beszél csodáról,
Papok papolnak bátorságról.
Az államférfi parentálja,
Megáldja a szentséges pápa.
És minden rendű népek, rendek
Kérdik, hogy ez mivégre kellett.
Mért nem pusztult ki, ahogy kérték?
Mért nem várta csendesen a végét?
Miért, hogy meghasadt az égbolt,
Mert egy nép azt mondta: „Elég volt."

Nem érti ezt az a sok ember,
Mi áradt itt meg, mint a tenger?
Miért remegtek világrendek?
Egy nép kiáltott. Aztán csend lett.

For thirty coins sold out its soul,
And as he shamed it, cursed and flayed,
He ate its body, drank its blood.
Now many nations stand and stare,
But speak to it? – not one will dare.

It speaks no more, does not accuse,
But watches, like Christ from the Cross.
This Christmas tree is very strange,
Brought by the Devil or an Angel? –
Those who are dicing for its clothes
They know not what they do, and those
Who sniff and howl, they may suppose
The secret's underneath their nose:
This Christmas tree is stranger now:
Hungarians hang from every bough.

The world speaks of miraculous sights,
Priests prattle of heroic fights,
The timid statesman patronizes,
The Holy Father canonizes.
And every order, each estate of
Mankind asks, What's this in aid of?
Why didn't they, as asked to, die out?
Sit waiting for the end in quiet?
Why were the heavens rent asunder?
Because "*ENOUGH!*" one people thundered.

And many could not understand
What tidal wave flooded this land.
What did the ranks of nations shy at?
One people cried out. Then fell quiet.

De most sokan kérdik: mi történt?
Ki tett itt csontból, húsból törvényt?
És kérdik, egyre többen kérdik,
Hebegve, mert végképp nem értik –
Ők, akik örökségbe kapták –:
Ilyen nagy dolog a Szabadság?...

Angyal, vidd meg a hírt az égből,
Mindig új élet lesz a vérből.
Találkoztak ők már néhányszor
– a gyermek, a szamár, a pásztor –
Az alomban, a jászol mellett,
Ha az Élet elevent ellett,
A Csodát most is ők vigyázzák,
Leheletükkel állnak strázsát,
Mert Csillag ég, hasad a hajnal,
Mondd meg nekik –
                          mennyből az angyal.

New York, 1956

Manhattani szonettek

I.

Azt hittem, nem bírom tovább, elég –
New York forró belében, mint a vak
Élősdi kúsztam lenn, a föld alatt.
Akkor kinyílt a manhattani ég.
A Nyolcadik Sugárút peremén
Álltunk – én és még kilenc millió
Ember – s mert halni rossz és élni jó,

But many ask: What caused these groans?
Who wrote these laws from meat and bones?
More and more ask: What did they do?
They stammer, they don't have a clue,
 – Those who had always known it freely –
"Is Freedom such a big thing really?"

Angel, let it be understood:
New life will always spring from blood.
They've mingled as the centuries pass –
The Child, the Shepherd and the ass –
In dreams beside the manger bed.
If Life turns all that's living dead,
They still protect the Miraculous birth,
Stand watch above it with their breath.
Because the Star shines, dawn breaks open:
Go tell them this –
                                    Angel from Heaven.
                              New York, December 1956

Manhattan Sonnets

I.

I thought I couldn't bear it any more –
Inside New York's hot guts, I wriggled around
Like a blind tapeworm underneath the ground.
Then the Manhattan sky opened its door.
On the kerb of the Eighth Avenue sidewalk
We stood, nine million other souls and I –
And because it's good to live and bad to die,

Szólani kezdett ez a költemény.
Azt hittem, nem bírom tovább, elég.
A négert néztem és az állami
Rendőröket, s nem bírtam állani,
De iszonyúan nagy volt ez az ég –

Ezért a földre ültem s állati
Szerényen felnéztem az égre még.

2.

Most már mindig mögöttem áll. Ha éppen
Írok valamit, vagy járok, beszélek –
Mint udvarias titkosrendőr, szerényen
Vár. Nem sürget. Zsebében az ítélet.
De int, ne siessek. Be kell fejeznem
Ezt a verset?... Bólint. Tessék csak, mondja.
Ráér. Tapintatos. Nincs sürgős gondja.
Amerikába elkísért s mi ketten
Most már nem válunk el. A Bermudákat
Nem láttam még. Sem Havannát. Nem félek,
De idegesít kissé ez az állat. –
Tud rólam valamit. Azt, hogy még élek.

Ezért, vállamon át, szórakozottan
Néha ezt mondom: „Mindjárt." Vár nyugodtan.

3.

Talán a vihar jön, talán a halál,
A sors játékos, mint az óceán.
Nyugtalanok a Central Park rigói,

Therefore this poem started in to talk.
I thought I couldn't bear it any more.
I watched the black man and, on him, the State's
Police: I could not bear such heavy weight.
How enormous was the firmament I bore –

That's why I sat down on the ground in great
Humility, and gazed up – nothing more.

2.

He stands behind me always. I may just
Be writing, walking, talking – he will check it.
Like a courteous secret policeman, one you trust,
He waits. Not pushy. My sentence in his pocket.
He waves, *Don't hurry*. But, must I complete
This poem? Nods. *Please do,* he says. Discreet.
He'll wait. He isn't urgent. Considerate.
He sailed with me to America; now it's too late
For us to be divorced. I haven't seen
Bermuda. Or Havana. I'm not panicked,
But he – this animal – raises my spleen.
He *has* got something on me in his docket:

I live. So sometimes, over my shoulder, I call,
To tease him, "In a jiff." He waits. Tranquil.

3.

Maybe a storm is coming, maybe death.
Fate is as foggy as the ocean's breath.
In Central Park the restless blackbird songsters;

Sápadtan járnak a portoricói
Összeesküvők. Kire haragudjak?
A bérgyilkosok gügyögni is tudnak.
Ha nincsen haza, minek hazajutni?
Ha nem szeretlek, miért haragudni?
Aki meghal, rögtön mind nyájasabb,
Az akasztott száján szárad a hab.
Az élők kancsin néznek, mint a részeg.
Valami történik, amit nem értek –

Mert ringatnak, mint szeretőm s anyám,
Az Atlanti- s a Csendes-óceán.

4.

A nagy tavak. A lomhán vad folyók.
Nőnevű fúriák, a hurrikánok.
A priapikus felhőkarcolók.
A nagy taxiban a hippi leányok.
A földalattin alvó négerek.
A madár a kínai mosodában.
Edgar Allen Poe s mind a részegek.
A magyar, aki énekelt a bárban.
A telehold a Battery felett.
A sápadt kutyák s a hindu apácák,
Cabrini nővér és a betegek,
Kik lázasan ezt a szentet imádták. –

A görög, aki látta Greta Garbót,
Amint vásárolt egy szentelvíztartót.

The sallow strolling Puerto Rican gangsters
Conspire. Who is it they are angry at?
Even hit men can gurgle, coo and chat.
If Home is gone, what point in my returning?
If I loathe Home, why is my anger burning?
Whoever dies, at once grows amiable.
On the hanged man's lips, the spittle dries in bubbles.
The living gawk, cross-eyed, as if in drink.
Something's going on, I don't know what to think –

Because they rock me, like lover, or like mother,
The Atlantic Ocean and the Pacific other.

4.

The Great Lakes. Rivers, wild, meandering.
The Furies with girls' names, the hurricanes.
The skyscrapers, priapically ascending.
Big taxis driving hippie girls to trains.
Black people on the subway, sleeping hard.
The canary in the Chinese laundry.
Edgar Allan Poe and all the other drunkards.
The Hungarian on the barstool, singing bawdry.
The full moon high above the Battery's guard.
The sick stray dogs, the Hindu women's chants.
The Sister at Cabrini and her wards,
Who worshipped her in fever as their saint.

The Greek who saw great Greta Garbo, older,
Out shopping for a holy-water holder.

5.

Az édes mulatt lány haja most lángol,
Mintha szikra pattogna a hajából.
Megy egy olcsó hajó a Szűz Szigetre,
De a négerek nem alszanak este.
Van már nyugdíjuk és fürdőszobájuk
És ájultan ülnek a földalattin,
Mint a sclerosis multiplex, e vad kín
Görcsében, úgy remeg kezük s a lábuk.
Már én sem emlékszem anyám hajára,
Azt hiszem, barna volt. De elfeledtem.
Több néger már haragszik Afrikára,
Nyitott szájjal alszanak, önfeledten –

Vagy kancsítanak, mint a nyűgös gyerek,
Elfáradtak attól, hogy négerek.

6.

Értsd meg végre, ez az én óceánom,
Ez a hullámzó s mégis kőkemény
Valóság. Nincs egyebem a világon,
Csak a világ. Kicsi, de az enyém.
Lásd, ez az én Atlantiszom a mélyben,
Ez a vihar az én sorsom üvölti.
Az én cápáim engem rágnak széjjel,
Hogy ne maradjon rajtam semmi földi.
Ez a hullám, melynek porzik taréja,
Nekem hozott hírt Grönlandból, Japánból,
Minden rögtön értelmes, ha nincs célja.
Az óceánban otthon vagyok akárhol –

5.

The sweet brown girl's hair bursts in flame and flares
As if the sparks were spattering out of her hair.
A cruise ship for the Virgins sails from sight,
But black folk here, they just can't sleep at night.
Already they have their pensions and their plumbing,
But they slump subdued on the subway dazedly,
Like MS victims, suffering crazily
In spasms, their hands and feet twitching and numbing.
I can't recall my mother's hair, quite – brown,
I think it was. But I've forgotten, really.
Many blacks are angry at Mother Africa now.
They sleep with mouths wide open, casually –

Or squint their eyes up like a peevish child.
They're "Negroes", tired of being doubly exiled.

6.

Learn this, at last: this ocean is my place,
This undulating and yet hard-as-granite
Reality. No other on earth's face
Is mine, only this small world is my planet.
See on its floor where my Atlantis sits.
This storm is bellowing out my destiny.
These are my own sharks chewing me to bits,
So nothing earthly may be left of me.
This wave with clouds of spray riding its crest
Has brought me news of Greenland and Japan;
It all makes sense, if all's pointless at best.
You are at home on any ocean map,

Otthon vagyok s most megmossa a lábam
Hideg vízzel a labradori áram.

7.

Tested ismerős, mint egy titkos térkép,
A melled, mint a toscanai halmok,
Mint germán templom-ablak, szemed mélykék,
Homlokod mögött gótikus kalandok.
Csípőd hullámos, mint a part Bretagne-ban,
Ágyékod fodros, bodros vízesés.
Svájcban lüktetnek így a vizek és
Öled úgy tárul, mint Nápoly, ha nyár van,
A hasad, mint a magyar búzakéve –
A jószagú, a jóízű, a dús –
Júniusban érik ilyen fehérre,
Mint köldököd körül a sima hús.

Sok földet, vizet megjártam azóta,
Most megismerlek:
                        te vagy Európa.

1961

...öregen, őszen és agársoványan,
Mégis de jó, de jó, de jó, hogy nyár van.
A csörgőkígyók az erdőt belepték,
Sétabottal közelít az öregség.

1963

I am at home and now the Labrador
Current washes my feet with chilling water.

7.

Your body's familiar, a secret map of you,
Your breasts rising like hillocks in Tuscany,
Your eyes, arched Gothic windows, cobalt-blue;
Behind your brow lie Viking raider stories.
Your hips like waves along the Breton coastline,
Your fork a waterfall, lacy and fleecy:
Swiss Alpine waters throb this way, uneasy.
Your lap spreads open like Naples in July.
Your belly's like a sheaf of Magyar wheat –
Sweet-smelling and sweet-tasting, soft to brush,
Ripened in June and slowly turning white,
Like the smooth flesh around your umbilicus.

Since then, on land and sea, I've travelled far,
But now I know you:
                    Europe is who you are.

1961

Untitled

...aged, whippet-thin and with greying hair,
Yet how good, how good, how good that summer's here.
The forest's been occupied by rattlesnakes,
Old age ambles up with a walking stick.

1963

Szorzat

Volt Bach. Talán még César Franck. Volt a hallgatás.

Voltak szavak, melyek sajogtak, mint a harapás.

Volt a hercegnő. Imazsámollyal és szobabudival utazott.

Konzervatív volt. Most már ő is halott.

Volt a Mount Palomar léghűtéses kupolája.

Ott dideregtem. Azt mondják, a világűrnek nincs határa.

Még azt is mondják, az űrben nincs Tér, sem Idő.

(De én voltam a világűrben. Ez igaz. Ebben volt valami békítő.)

Volt az is, hogy mindenütt, mindenben lüktetett valami.

Bennem is. A számjegyekben is. A kövekben is. Nem lehetett hallani,

Csak érezni lehetett. A lüktetés mindenen átremegett,

Mint a bombában az időzítő szerkezet. –

Volt az, hogy jó volt megfogni a kezed

És tudni, hogy az Energia – mint a szerelem, a vers és a madárdal –

Egyenlő az Anyag és a Fénysebesség négyzetének szorzatával.

1977

Product

There was Bach. And César Franck, perhaps. There was silence.
There were words that wounded in their violence.
There was the princess. She journeyed with her prie-dieu and her chamber pot.
She was conservative. Now, she too has passed away, checked out.
There was Mount Palomar: I shivered there, within its
Air-conditioned dome. They said the universe is infinite.
They said as well: there's neither Space nor Time out in the Void.
(But I've been to outer space. It's true. This afforded some placation.)
There was, as well, something beating: everywhere, in everything.
Within me, too. In numerals as well. And in the stones. Too soft for hearing,
One could only feel it: everything transmitted the pulses' trembling
Like the timing circuits in explosive devices. –
There was this: that it was good to grasp your hand and realize
That Energy – like love, a verse and birdsong – is paired,
Equal to the product of Mass and the Speed of Light, squared.

1977

Unknown Chinese Poet of
the Twentieth Century AD*
[*Ismeretlen kínai költő Kr.
után a XX. századból*]
1945

A Fordító Jegyzete

A költő személyéről nem tudunk semmit. Valószínűleg nem volt a jelentősebbek közül való, mint Li Taj-Po, s mind a hiresek, kiket a nagy Kosztolányi fordított magyarra. Névtelen költő volt, vékony pénzű, inkább alkalmi poéta, kinek lírai vénája a jelek szerint – rövid buzogás után elapadt. Verseiből annyit tudunk, hogy „a fővárostól távol" tengette sanyarú napjait, feltehetően száműzetésben, a nagy boxerlázadás idején. Egy levelét ismerjük még, melyben panaszkodik, hogy az irodalmi életből politikai ellenfelei és irodalmi vetélytársai száműzték. A fővárosban már senki sem emlékszik rá, mert ott most új csillagok fénylenek az irodalmi egén. Egyik ilyen új csillagot a levelében szelíd gúnnyal Dilettánsnak nevezi, s zárójelben megjegyzi, hogy az illető nagyság „irdatlan marha". Különben inkább rezignált kedély, aki csendes dohogással éldegél a száműzetésben.

Rekvizítumai nem újak: a nagy kínai költészet örök, halhatatlan vadludai húznak e szerény költő egén. Mi teszi hát verseit mégis érdemessé, hogy lefordítsuk és elolvassuk? Talán éppen ez az igénytelenség, mely nem akar többet, mint hangot adni egy banális és mégis örök – időkön és fajtákon túl örök – megrendülésnek, minden lírai vers és minden emberélet legmélyebb élményének. Ez a megrendülés természetesen a szerelem, mely egyszerre dobogtatja meg a sárga, fehér és barna testekben az emberi szíveket. Hangja ilyenkor csaknem őszintén személyes. Verseit egy távollévő nőhöz írja, aki a „Fővárosban" táncol és fintorog, valószínűleg egy volt császári táncosnőhöz vagy színésznőhöz. A nő nevét nem ismerjük: kevéssé valószínű,

Translator's Note

We know nothing of the poet's identity. Evidently, he did not belong among the more important poets, such as Li Tai-Po, or those famous ones whom the great Kosztolányi translated into Hungarian. He was an anonymous poet, of scant means, more of an occasional versifier, whose vein of lyric – according to the evidence – ran dry after a brief surge. We know from his poems that he spent his miserable days living hand to mouth "far from the Capital", possibly in exile, during the period of the Boxer Rebellion. In addition, we know of one letter in which he complains that his political enemies and literary rivals drove him out of literary life. Nobody remembers him any longer in the Capital, where new stars have begun to shine in the literary heavens. In his letter, with placid sarcasm he names one of these new stars "Dilettante" and parenthetically remarks that this great figure is an "enormous ass". This apart, he is more inclined to resignation, passing his time in exile in quiet grumbling.

His characteristics are not new: the eternal, deathless wild geese of the great traditions of Chinese poetry beat across this humble poet's sky. Then what makes his poems, nevertheless, worthy of being translated and read? Perhaps precisely this unpretentiousness that seeks nothing more than to give voice to a banal yet eternal emotion. This violent emotion – eternal beyond time and race – is the most profound experience of every lyric verse and every human life. Naturally, this is the emotion of love, which causes human hearts to pound in yellow, white and brown bodies alike. At such times his voice is almost candid and personal. He writes his poems to a distant woman who dances and flirts in "the Capital", probably a former imperial dancer or actress. We

hogy a híresebbek közül való volt, akik a lázadás előtt a Császári Udvarban a tőrtáncot lejtették. De lehet, hogy az irodalomtörténeti nyomozás később egyszer még fényt derít erre a titokra is. A versek magánügynek készültek. Nyomtatásban nem jelentek meg soha. Egyetlen példányban vetette papírra a költő, valószínűleg a kedves modell számára, suta-ravaszul és ugyanakkor megjátszott kedvességgel és szenvedélyességgel, ahogyan a költők ezt már szokták. Tartozunk az ismeretlen költő emlékének azzal, hogy e levelet is egyetlen példányban készítsük csak el. Név, személy, mindez amúgy is mulandó. Ami megmarad, boxerlázadásokon, száműzetéseken, táncosnőkön és alkalmi költőkön túl, az mindig csak a szerelem s a versek.

1945. Karácsony

Ezt ajánlásnak szánta

Reggel korán keltem, a kútba néztem
Fejem kapatos, múlt éjjel boroztam
A kút tükrén arcod úszott a fényben
Szomorú volt. Maradj velem a rosszban!

Panaszkodik a vidéki életre

A fővárostól távol, bárdolatlan
Magányban körmölöm árva dalom
Nem tudhatom, mily jelző van divatban
S miről zeng a Magas Irodalom?
Vidékies lettem, suta balog
Nem is értem hát, miért dalolok?
Talán – de ezt ne tudják az itészek! –
Reménykedem, hogy verseim Te megérted.

do not know this woman's name: it is unlikely that she was among the most famous dancers who performed the dagger dance at the Imperial Court in the days before the Rebellion. But it is possible that further literary detective work will one day shed some light on this secret as well.

The poems were written for private consumption. They never appeared in print. The poet set them to paper in a single copy, presumably intended for the beloved. He did so with clumsy slyness, yet at the same time with ostentatious courtesy and passion, the way poets have long been accustomed to do. We owe it to the unknown poet to prepare this very letter in a single copy as well. Name, personality: all this is passing, in any event. What persists – aside from Boxer Rebellions, sentences of exile, dancing women and occasional poets – is always only love, and poems.

Christmas 1945

He Intends This as a Proposition

This morning, got up early, glaze-eyed, stared in the well
My head hung over – last night drank too much wine.
Your face was swimming in the water's mirror-shine.
I had the blues, bad. Stay with me in my hell!

He Complains about the Country Life

Far from the capital city in my rustic
Hermitage, I scratch out my orphan song.
Can't know what's in, what's out, what's going to click,
What fad resounds through the Halls of Lit like a gong.
I've become a clumsy bumpkin, countrified.
Why do I sing my songs? I'm mystified.
Maybe – but please don't tell those critic sages! –
All I hope is, you'll understand my pages.

Azt hiszi, szerelmes

Az erdő alján már olvad a hólé
Csörömpöl házam csorba ereszén
Konyhám, kamrám elkerülte a jólét
Nincs Pártfogóm, vizes rizst eszem én
Papucsom lyukas, kis fiam is fázik
S te nem vagy itt, redves, üres a ház itt
A kancsal sors magánnyal büntetett meg
Ludbőrzöm. Miért? Azt hiszem, szeretlek

Mindenfélét igér

Ha majd szeretlek, vásárlok neked
Teknőc-fésűt, ezüst karperecet
Fecskefészket hozok, ezüst papírba
S a verseim, kék s zöld tussal leírva –
Így élünk majd. De ez mind semmiség lesz
Ha jő az éj, s fohászkodunk az éjhez
Átkarollak, mint gyermeket a felnőtt
Szájamba veszlek, mint gyermek az emlőt
S így állongunk – két őrült, kéz a kézben! –
Megizzadunk a borzas szenvedélyben

Beszél életkörülményeiről

Negyvenhat éves vagyok és sovány
Már sok éve tengek így ostobán
A falu végén élek és a lomha
Csendben a tücskök szólnak csak dalomba
Fejem fölött felhők és vadludak
Húznak. Mutatják hozzád az utat.

He Thinks He's in Love

Snow melt's already flowing on the forest floor
From the chipped eaves of my hut drips melting ice
All comfort's fled my hearth and bed – no more
Patron – on my own, spooning watery rice.
Holes in my slippers, my little lad is cold
And you're not here. The house feels empty, old.
Into solitary confinement fate gave me a shove.
I'm goose bumps all over. Why? I think I'm in love.

He Promises All Sorts of Things

When – soon – I love you, I'll seek out where they sell
Silver bracelets and combs of tortoise shell
And swallows' nests in silver paper, I'll bring
My poems inscribed in blue-green India ink.
Some day that's how we'll live. But that will be
As nothing to the night we pray to see:
When I cradle you as a parent does a tot
And suckle you like a baby at the teat
And thus like a couple of crazies, we'll remain,
Sweat-drenched and tousled, our passion unrestrained.

He Speaks about His Situation

I'm forty-six years old and thin as well
For many years, dumb as a vegetable,
I've lazed at the edge of the village in a long
Silence where only crickets sing in my song.
Overhead, clouds and the wild geese which beat
Above the path that leads to where we meet.

Elmondja, hogyan él

Hogy élek én? Várj, elmondom neked.
A szél! a szél Szobámban sepreget.
Ablakom nincs, repedt sárkánypapír
Borítja csak, s a rozsdás kályha sír –
Mi ez a fájdalom? Talán a tested,
Ó, megenném én, mint a kannibálok.
Mi ez a vers? Csak annyi, hogy az este
Leszállt reám, s nem az ágyadba hálok

Nem csekélység: leküzdi gőgjét

Méltóságom leteszem, mint a büszke
Mandarin a zöld-bojtos kalapot,
Ha rásütik, hogy lopta a napot
S a népet. Így bámészkodom a tűzbe.
Künn hó esik. Ne legyek senki többé,
Csak engedd, hogy megcsókoljam a térded.
Egyetlen nagy költőnk sem élt örökké –
Hadd éljek hát egy pillanatra érted!

Tüneménynek nevezi

Te fintorogsz s táncolsz a nép előtt –
Csönd van köröttem, téli délelőtt
A zöldes ködben látlak, karcsu, ringó
Jégtáblán állongó, sápadt flamingó
Rózsaszín bőröd lúdbőrzik, szegény te
Úgy élsz, mint halott gyermek a mesébe

He Describes How He Lives

How do I live? Wait, let me fill you in.
The wind sweeps all around my room. The wind!
My window *isn't*, just scraps of kite paper keeping
It covered; and the rusty stove is weeping.
What is this pain? Perhaps it is your body:
Oh, I would eat it, as the cannibals do.
What is this poem? What last night dropped on me,
Now I'm not sleeping in your bed with you.

No Mean Thing: He Conquers His Pride

I take my dignity off the way the proud
Mandarin doffs his hat, the green-tasselled one,
When they convict him of having stolen the sun
And from the People. I gawk at the fire like a lout.
Outside the snow falls. Let me not be, ever
And always, nobody. Let me kiss your knee.
Not one of our great poets lived for ever –
For an instant I would live for you: Let me!

He Calls Her a Wonder

You act in front of everyone, performing –
Around me all is silent this wintry morning.
I see you in the greenish mist, swaying, slim,
Perched on the ice floe, you're like a flamingo,
Goose bumps dimple your skin, poor thing, pink, pale,
Your life's the dead girl's in a fairy tale.

No, jer haza, elég volt. Lesz parázs is
A vas-ibrikben, s kerül egy kanál rizs.
A gyékényt megvetem, barna hajad
Megigazítom a nyakad alatt –
Zsugorin és kajánul nézlek. Én:
Többet tudok! Te: több vagy! Tünemény!

A hallgatásról is beszél

Akarsz hallgatni velem? Jere, hallgass.
(„A szó a hallgatásban lesz hatalmas" –
Idegen költő írta ezt, szegény,
Egyedül élt a föld másik felén –)
Hallgass velem. Úgy hallgass, mint a csókban
Hallgat a száj, mint vágy a bujdosóban,
Hallgass, mint magzat a mély anyaméhben
Vagy mint a nő, ha némán mondja: „Még nem!"

Felébred és nyugtalan

Most fölriadtam. Éj van, künn a rabló
Kocog az úton ösztövér lován –
Ó, merre vagy? Vén kezem tétován
Tapogatja, hol a kova s a tapló –
Hol élsz, hol alszol, jaj, ki őrzi álmod?
Érted-e ezt az őrült, vad világot?
A tengeren, éjen, falvakon át
Hívlak! Hallod? Aludj. Jó éjszakát.

Well, come on home, enough's enough. Coals glow.
In the iron pot there's rice enough to go
Around. I'll lay the floor mats down and next
Arrange your dark hair back behind your neck –
Selfishly gloating, gazing on my plunder –
I: I know more! You: you *are* more! You're a Wonder!

He Also Speaks about Keeping Silent

You want us to keep silent? Come, keep silent.
("The word grows stronger that remains in silence."*
A foreign poet wrote that line, poor goon,
On the other side of the earth he lived alone…)
Let us keep silent. Silent as the kisses
Keep silent in the mouth the hidden wishes,
Like the fetus in the womb still keeping quiet,
Or like the woman's muted cry, "Not yet!"

He Wakes up, Restless in His Mind

I just woke with a start. It's night; out there
The bandit clops down the road on his skinny mount –
Oh, which way is your house? My scrawny hand can't
Find the flint and tinder, to strike and flare.
Where do you live and sleep? Ay-yi! Who guards your dreams?
What sense do you make of this lunatic world-that-seems?
Over seas, through the night, past the villages I call –
I call you! Don't you hear? Good night. Sleep well.

Uncollected Poems

Farkasrét

Hat hónapja halt meg. Már dátum. Néha
Péntek délben felijedek, kinézek
az ablakon és leteszem a villát –
a ködöt nézem, vagy a napsütést,
a percet érzem. Ekkor halt meg, ekkor,
Óriási nagy már, ős, pogány. A mondák
nagysága nőtt belőle. Tárgyak élnek
Szobámban – szemüvege, sétabotja –
Egy képeslap. Abbáziába írta
Tavaly ilyenkor, szálkás, nagy betűkkel
„Kedves fiam – irta – sétálj, pihenj."
Most ő „pihen". Nem értem. Néha várom,
Tán felhív interurbán. Int, vígasztal,
Szól valamit. No, szólj, apám! Már érted?
Megtudtad? Szólj, üzend meg! Én nem értem.
A sírját „rendbehozták". A keresztet
madár szállja meg néha, a virágok
ápoltak. Merre van most? Oly magányos
Emléke is. De néha, éjjel, utcán
Meg kell állnom, lassabban járok, érzem
Itt megy mellettem, öregen s nehézkes
Lépéssel. Körülnézek. S egy levél
Érkezik néha, sápadtan nyitom föl
Kézírását sejtem meg a papíron –
Hol vagy apám? Egy szót még, hadd köszönjek!

Wolf Meadow Cemetery in Buda

Six months ago he died. Historical date. Sometimes,
Fridays at noon, I'm startled, I look out
through the window, set my fork down by my plate –
I gaze into the fog or at the sunshine,
and feel the minute, which is the minute he died,
already now a Giant, ancient, pagan. Mythic
greatness has grown out of him. Some of his things
live in my room – his glasses, his walking stick –
a picture postcard mailed from Abbazia*
last year at this time, written in his spiky, large
hand: "Dear Son," he wrote. "Take walks. And rest."
Now he's "at rest". I don't know. Sometimes I wait
for him to call long distance. He'll wave, and comfort
me, saying something. Speak now, father! Speak!
Do you understand the secret? Let me know it. I don't.
They've tidied up his grave. Sometimes
birds light on the cross; sometimes the flowers are tended.
Where is he now? Even his memory is
so solitary. But sometimes, on the street
at night, I have to stop, I walk more slowly,
I feel him walking beside me, old, with laboured
steps. I look around. And then sometimes
a letter comes, going pale I open it
and sense his handwriting there on the paper –
where are you, father? Just one more word, to greet you!

(„Neves" voltam már, pökhendi, szeszélyes,
S még így köszöntem: „Kezét csókolom.")
Hová címezzem ezt a halk vonítást?
A semmibe? Farkasrétre? Hová?

Újság
1935. május 1.

Az ég

(Illyés Gyulának)

S az égbolt, az is megmarad
A kék ég, ez a végtelenség

Letakarja ezt a nyarat
Mint anya halott fia testét

Az ég alatt a darvakat
Valami innen hívja, húzza

Az ember egyedül marad
A holtak felett nő a búza.

Pesti Hírlap
1942. július 26.

(I was already "known", proud and capricious,
and I still greeted him: "I kiss your hand.")
To what address shall I send this quiet whimper?
To Nothingness? Wolf Meadow Cemetery? Where?

Újság (The News)
1st May 1935

The Sky

*For Gyula Illyés**

…And the dome of heaven, it holds in place,
The infinite sky, blue without stains,

It covers over the summer's face
As a mother covers her son's remains.

Something under the sky calls *Race
Away!* to the cranes, and now they've fled.

Alone, and small, Man holds in place.
The wheat is sprouting above the dead.

Pesti Hírlap (Pest Journal)
26th July 1942

Kassán

Szigorú, emlékeztető
A halottakkal tegező
Az élőkkel vigasztaló
Büszke és egyedülvaló
Kirándulás is, végzet is –
Itt kezdtem, s tán itt is végzem is.

Pesti Hírlap
1942. július 26.

Hol vagyok?

Ülök a padon, nézem az eget.
A Central Park nem a Margitsziget.
Milyen szép az élet, – kapok, amit kérek.
Milyen furcsa íze van itt a kenyérnek.
Micsoda házak és micsoda utak!
Vajon, hogy hívják most a Károly körutat?
Micsoda nép! – az iramot bírják.
Vajon ki ápolja szegény Mama sírját?
Izzik a levegő, a Nap ragyog.
Szent Isten! – hol vagyok?

Kárpát
Cleveland, Ohio. 1972. május–december

In Kassa

Rigorous yet redolent with memories
Intimate with the dead and buried
To the living: a consoling charity
Its state, a noble singularity
Both a visit home and the fate that may impend –
Here I began and here, too, I may end.

Pesti Hírlap (Pest Journal)
26th July 1942

Where Am I?

I sit on a park bench, I stare at the sky,
But Central Park simply is no Margaret Isle.
How bountiful life is! – what I ask for, I get.
Yet how strange is the taste on my tongue of this bread!
What houses! What buildings! What broad boulevards!
I wonder what they now call King Charles's Road?
What a people! How they can keep up with their pace!
Poor Mama, who is tending her burial place?
The air is electric, the Sun's turned up high.
Holy God! Where am I?

Kárpát (The Carpathian)
Cleveland, Ohio, May–December 1972

Notes

p. 35, *the gent writes, and he who writes, weeps*: A rote phrase used to teach elementary-school children the use of accented long vowels in Hungarian orthography.

p. 41, *Credo (quia absurdum)*: "I believe (because it is absurd)", a Latin phrase which is a distorted quotation from the work *De Carne Christi* (*Of the Incarnation of Christ*) by the early Church Father Tertullian (*c*.160–*c*.225 AD).

p. 45, *Like a Fish or a Negro*: Márai is here using the two nouns as images of his own alienation from his society. For his sympathetic view of how people of African descent were alienated from, in that case, American society of the early 1960s, see 'Manhattan Sonnets', No. 5, p. 191.

p. 57, *Like the dead / Swim to Mohács*: A proverbial expression in Hungary, derived from the disastrous Battle of Mohács in 1526, where the Ottoman army of Emperor Suleiman the Magnificent destroyed the Hungarian army within two hours, killing about 14,000 of the 24,800 Hungarian soldiers. The Hungarian king, Louis II, drowned in a creek while fleeing, and thousands of Hungarian corpses were found in the swamps beside the Danube, giving rise to the expression.

p. 59, *Cassovia*: The Latin name of Kassa, a city in the northern Highlands of former Hungary, and Márai's birthplace. It is now the second-largest city in Slovakia and is called Košice.

p. 59, *Prince Francis'*: A reference to the Hungarian aristocrat Ferenc (Francis) II Rákóczi (1676–1735), Prince of the Holy Roman Empire and of Transylvania, and one of the largest landowners in Hungary, who led an unsuccessful war of independence (1703–11) against the Habsburgs at the same time as the Habsburg Empire was fighting the War of Spanish Succession against other European powers. After his surrender, Rákóczi was exiled and lived out his days as a guest of the Ottoman Emperor, and was buried in Turkey. His remains were repatriated to his birthplace, Kassa, on 29th October 1906, when Márai was six years old.

p. 59, *Father's hand*: Márai's father, Géza Grosschmid (1872–1934), was an attorney and royal notary in Kassa. After the partition of Hungary, he served in the Czechoslovak legislature as a senator from Kassa, representing the National Hungarian Christian Socialist Party. He later retired and moved to Miskolc, Hungary, where he died. This poem, which refers to the poet's father as a figure in the past, was part of a volume published in 1932, before he actually passed away.

p. 65, *Arany's publications, / Jókai's, Vörösmarty's*: János Arany (1817–82) is generally considered one of the two greatest poets in the Hungarian language (along with Sándor Petőfi). Mór Jókai (1825–1904) is regarded as the greatest Hungarian novelist of the nineteenth century. Mihály Vörösmarty (1800–55) was an early Romantic poet, and the greatest poet of the generation before Arany and Petőfi.

p. 71, *Mikó Street*: Márai lived in a flat on Mikó Street from his return to Budapest in 1928 until the building was destroyed on the last day of the Siege of Budapest, in February 1945. The street and its row of chestnut trees feature in several of Márai's poems.

p. 73, *Love Flower Song*: This poem was first published in the volume *Human Voice* in 1921. Márai republished it in *Like a Fish or a Negro* with small changes in punctuation.

p. 83, *The Waiters Are Dining*: After leaving Hungary in 1919, Márai spent four years in Germany and then, with his new bride Lola, moved to Paris in 1923, where he stayed for five years. During that time he took an extended trip to the Middle East and to different countries in Europe. His German and Parisian sojourns, and his Middle Eastern and European travels, are referred to in several of his poems.

p. 93, *Poincaré*: Raymond Poincaré (1860–1934), three times prime minister of France, for the last time in 1926–29.

p. 111, *Thalatta!*: "The Sea!" (Greek). Xenophon's *History* records the joyful shout of the Greek army when, while returning from Persia, the soldiers first glimpsed the sea from Asia Minor.

p. 113, *Once upon a time, a man with a flaxen beard*: This alludes to a Hungarian nursery rhyme about a man with a flaxen beard whose final exploit is to climb a tree, fall into some mud and get pulled out and mauled by dogs. Presumably, the war is similarly mauling Europe.

p. 113, *The rose burned... the fanatics' heat*: Márai wrote this poem on 6th June 1944, the day of the Allied landing in Normandy.

p. 119, *This was the house!... after all*: The building containing Márai's flat was at the intersection of Lógodi Street and Mikó Street.

p. 121, *This was the bridge... heaped within*: Designed by the English engineer William Tierney Clark and built by the Scottish engineer Adam Clark, the Chain Bridge (the first permanent span over the Danube downstream from Vienna) was completed in 1849. The retreating Germans blew up this bridge (and all the other bridges in Budapest) in late 1944. The bridge leads directly into the Tunnel, designed and built by Adam Clark, which passes under Castle Hill. During the Siege of Budapest, the Tunnel was put to use as a bomb-resistant field hospital and morgue.

p. 121, *Krisztina Town*: This neighborhood nestles on the south-western slope of Castle Hill in Budapest; this is where Márai lived, on Mikó Street, until the building was destroyed.

p. 131, *The Sea-Beyond-the-Seven-Seas*: Márai refers to the mythical sea described in Sándor Petőfi's (1822–49) fairy-tale epic poem, *János Vitéz* (*John the Valiant*).

p. 135, *Szeretlek*: "I love you" (Hungarian).

p. 137, *Your solitude... even in a poem*: Márai and his wife had a son, Kristóf, born in February 1939; he died a few weeks later of an internal hemorrhage. His death left a deep and lasting mark on the poet: the same theme appears in 'Finger Exercises', No. 3.

p. 141, *as a shepherd's campfire burns*: A quotation from János Arany's epic poem *Toldi* (*The Tale of Toldi*).

p. 141, *Slowly soar, but sing at length*: A quotation from Sándor Petőfi's poem 'Tündérálom' ('Fairy Dream').

p. 141, *the asylum cell*: A reference to the Hungarian reformer, writer, economist, statesman and patriot, Count István Széchenyi (1791–1860), who went insane after the defeat of the Hungarian Revolution of 1848–49 and was confined to an asylum in the Viennese suburb of Döbling, where he eventually took his own life.

p. 145, *Memnon's statue*: The Colossi of Memnon are two enormous statues of Pharaoh Amenhotep II in the Theban necropolis. Following damage by an earthquake in 27 BC, thermal expansion during sunrise sometimes made one of them emit groaning or humming sounds, earning it the epithet "the singing statue".

p. 155, *What all remains of him?... Never*: See note to p. 137.

p. 175, *Brethren, you see... dust and ashes*: The opening and closing two lines of the poem quote the start of the oldest extant Hungarian text, the Funeral Oration and Prayer from around 1195. These lines are known to every Hungarian schoolchild.

p. 175, *Babits's words*: Mihály Babits (1883–1941) was one of the leading Hungarian poets of the early twentieth century. Gyula Krúdy (1878–1933) was a Hungarian prose writer of the early twentieth century and Márai's early mentor.

p. 175, *It can't be that such a holy will*: A quotation from the poem 'Szózat' ('The Summons') by Mihály Vörösmarty. This poem is on a par with the national anthem as the literary expression of Hungary's national identity.

p. 177, *Ady... Rippl's colours? Bartók's soul*: Endre Ady (1877–1919) was an Hungarian early-modernist poet. József Rippl-Rónai (1861–1927) was one of the leading post-Impressionist painters in Hungary.

Béla Bartók (1883–1945) was one of the world's leading composers of the twentieth century.

p. 177, *Brother sells out brother... be driven to detestation*: These are all quotations from the poem 'A gólyához' ('To the Stork') by the Romantic poet Mihály Tompa (1817–68). The poem expresses the author's recriminations arising from the failure of the Hungarian Revolution of 1848–49.

p. 177, *Avar*: The Avars were a Turkic ethnic group that lived in the Carpathian Basin (the location of modern-day Hungary) between about 500 and 800 AD. They disappeared as a distinct culture (in part, through likely intermingling with the indigenous Slavs) during the course of Charlemagne's military campaigns in the region.

p. 179, *our nerves dry up; our blood's as dry as our brains are*: A near-quotation of some of the last lines penned by the dying Mihály Vörösmarty.

p. 197, *Unknown Chinese Poet of the Twentieth Century AD*: These poems and the so-called 'Translator's Note' were a Christmas present from Márai to the actress Klári Tolnay (1914–98), then starring in his play *Varázs* (*Enchantment*), for whom the poet had developed an infatuation. The poems remained unknown and unpublished until she revealed their existence five years after Márai's death.

p. 207, *The word... remains in silence*: A quotation from Márai's own poem, 'Twelve' from *Book of Verses* (p. 107).

p. 211, *Abbazia*: Abbazia was the Italian (and Hungarian) name for the Adriatic resort city of Opatija in Croatia.

p. 213, *For Gyulia Illyés*: Gyula Illyés (1902–83) was a poet and writer of left-wing, populist orientation. He and Márai were on good terms in the 1930s and early 1940s as they opposed Hungary's slide into fascism. After the war, they fell out, with Márai castigating Illyés for his acceptance of Soviet communism and Illyés criticizing Márai as a bourgeois writer.

Extra Material

on

Sándor Márai's

The Withering World

With my last breath, I thank fate that I was a human
and that a spark of reason glimmered even in my own
penumbral soul. I saw the earth, the heavens and the
passing seasons. I came to know love, fragments of
truth, desires and disappointments. I lived on the earth
and gradually became enlightened. One day I will die:
and how perfectly part of the natural order this is – how
wonderfully simple! Could anything else, better, more
superb have befallen me? No. I've experienced the great-
est and noblest thing possible: a human destiny. Nothing
else and nothing better could have happened to me.

– Sándor Márai, *Herbarium*, 1943

Sándor Márai's Life and Works

The fate of being a human – of having been granted life as a unique human being, and death – is one that preoccupied Sándor Márai throughout his literary career. Indeed, the very first poem – a sonnet written at the age of fourteen – in his very first published volume (*Scrapbook*, 1918) announces this theme in its closing sestet:

I'll carry the past away with me into
my new life, like a nomad's pack: that I've
lived: I, Sándor Márai, was alive,

And I would live to rifle my memories,
for what I've earned has tracked me on my path:
one life I have been given, and one death.

For Márai, born with the twentieth century, his human condition was inseparable from his status as a scion of European bourgeois civilization and from his upbringing in a patrician home in the city of Kassa, in what was then the northern Hungarian Highlands. Right away, he saw the First World War as the beginning of the end for this artisanal bourgeois civilization, a civilization he credited for much of the best that modern man had wrought.

Background

The treachery (or decay) he saw embedded in the society, and that he held responsible for the catastrophe of the First World War, led him to rebel against his bourgeois milieu: this is recorded not only in *The Rebels*, but in his autobiographical novel, regarded by many Hungarians as his masterpiece, *Confessions of a Bourgeois*. When, after the defeat and dissolution of the Austro-Hungarian empire, the short-lived bourgeois republic was succeeded by a communist Republic of Soviets (the first one outside the Soviet Union), the young Márai launched his career as a journalist in Budapest, writing enthusiastically for (among other papers) the *Red Banner*. This can be regarded as a form of self-exile from his social roots.

Rebellion and Left-wing Enthusiasm

Berlin and Paris   After the fall of the Republic of Soviets, Márai's father thought it prudent to send his son to Germany, ostensibly to obtain a university degree in journalism, but in fact to shield him from retribution on the part of the new, right-leaning government. He left Hungary in 1919 for Leipzig, soon dropping out of Leipzig University and moving on to Berlin. He quickly obtained a post as correspondent for the *Frankfurter Zeitung*, one of Germany's leading papers, noted especially for the purity of its German prose style. The paper sent him to Paris as a correspondent and weekly columnist, where he remained for what turned out to be an informal nine-year exile. His girlfriend from Kassa, Lola Matzner, had joined him in Berlin, where they cohabited; they were married in a civil ceremony before the move to Paris. Decades later, Márai wrote in his diary that they had been "the original hippies". The *Zeitung* also sent him on a tour of the Middle East, which resulted in newspaper columns (in German) and his first book of non-fiction (in Hungarian), a set of travel essays entitled *On the Tracks of the Gods*.

In the meantime, the post-war settlements negotiated at Versailles yielded the Treaty of Trianon, which dismembered historical Hungary, transferring the majority of its territory to the surrounding successor states. Márai's home town of Kassa was annexed to Czechoslovakia and renamed Košice (today it is the second-largest city in Slovakia). Thus, while he was away, he was exiled a second time by having his home town cut off from Hungary.

Return to   In 1928, Sándor and Lola returned to Budapest and were
Hungary   married in a religious ceremony. While still in Paris, Márai had picked up writing assignments from Budapest newspapers, so when he returned, he became a weekly columnist for a leading paper. But the move to Budapest was not a "return home". Home was Kassa: Kassa had become Košice and, given the inimical relations between Hungary and Czechoslovakia, Kassa-Košice was inaccessible. Budapest, a bustling, glittering metropolis, was not home to the creative, productive bourgeois society he had known in Kassa. Márai saw the Highlands, now in Czechoslovakia, and Transylvania, now in Romania, as the Hungarian heartlands of creative, pan-European bourgeois civilization. Budapest was home to parasitical aristocrats, moneyed parvenus, the urban petit-bourgeois and the working class. Márai decided to remain in exile.

Having begun his literary career with a volume of poetry *Early Literary* published in 1918 and a second volume published in 1921, he *Career* rapidly developed into one of the leading novelists and essayists of inter-war Hungary. In his youth, Márai had been deeply influenced by Expressionism, particularly the German variant. He'd become known for his translations of modern German and French poetry, and was the first to translate Franz Kafka into Hungarian.

Returning to Hungary and seeing the bourgeois ethos going extinct before his very eyes, he became the chronicler of its life and death. He was not completely alone: among Hungarian writers, he was close to the novelist Gyula Krúdy (1878–1933), his mentor, and to Dezső Kosztolányi (1885–1936), the great urbane novelist, journalist and poet.

His poetic tastes became more classical. Suspicious of the influence of that giant of Hungarian poetic modernism, Endre Ady (1877–1919), he grew to prefer Mihály Babits (1883–1941), co-founder with Ady of the influential literary and cultural journal *Nyugat* (*West*) and another leading figure of twentieth-century Hungarian poetry. Márai's urbanite, pan-European outlook also manifested itself in a suspicion of nativist, folkloric artistic movements gaining ground at the time. Looking backward, he was also less fond of the populist Sándor Petőfi (1822–49), widely regarded the greatest Hungarian poet; rather, he favoured the work of János Arany (1817–82) – the other candidate for the title of greatest Hungarian poet – and of their predecessor, Mihály Vörösmarty (1800–55).

Politically, too, Márai remained alienated from his envi- *Political* ronment. His politics had evolved from his youthful socialist *Isolation* enthusiasm to a moderate liberalism – but this kept him out of the mainstream in Hungary, a country that was heading inexorably to the right in its politics. The rightward pressure had three components: first, the deep-seated fear of the Soviet Union born of the cruel experience of the Republic of Soviets; secondly, the desire to revise (if not completely reverse) the territorial losses of the Treaty of Trianon; and thirdly, the economic upheavals of the Great Depression. After 1933, these pressures pushed Hungary, however reluctantly on the part of its more honourable politicians, closer to Nazi Germany and Fascist Italy. Though sharing both a distaste for the Soviet Union and a longing to regain the lost territories and be able to return to his home town, Márai grew ever more aware of the dangers, both moral and practical, of rapprochement with the Axis powers. As the right wing gained power in Hungary, Márai's position became progressively marginalized, although he remained a columnist in one of Budapest's most prominent newspapers until 1943. Interestingly, the urbanite Márai found himself making common cause with rural populists of the left during the last pre-war years and first years of the war. He was on close terms with the left-wing writer and poet Gyula Illyés (1902–83), author of *People of the Puszta*. Márai even dedicated a poem to him ('The Sky'), and got it published by his newspaper in 1942.

Literary Success

Despite his persistent feelings of isolation, the years from 1930 to 1942 represented the apex of Márai's professional career. His newspaper column was required reading for white-collar Budapest; he wrote prolifically and his books were highly successful, being issued by the leading literary publisher of the time. Several novels were translated into German, French and other European languages; he was personally acquainted with Thomas Mann, whose social ethos he shared. He was nominated for the Nobel Prize in literature at least once. His play *Escapade* was a hit in Budapest and was translated and performed throughout central and northern Europe in 1940.

Second World War

With the outbreak of the Second World War, life in Hungary changed hardly at all. The country, formally linked with the Axis powers, attempted to get by with the minimum of involvement. Hitler played Hungary off against Romania and Slovakia, giving slices of each back to Hungary while retaining all three as Axis partners. Life, however, became gradually more repressive for the Jewish population, who were subjected to increasing restrictions with the passing of a series of discriminatory laws. Márai was a gentile, but his wife Lola was Jewish. Her parents remained in Kassa – which was back in Hungary, part of the slice of Slovakia Hitler had returned to it. It was only in 1943 that Márai decided that the political situation had deteriorated to the point where prudence dictated his retreat from the public eye. He had already been the target of public abuse and veiled threats over his newspaper columns, so he resigned his newspaper position and wrote mostly for the desk drawer. Yet the Márais continued to live their peaceable bourgeois existence in an elegant flat on Mikó Street on the slope of Castle Hill. They even spent a holiday in an aristocrat's former country palace in northern Hungary, converted to a fine hotel that was favoured – even at this late date – by wealthy Jewish businessmen.

This seeming peace came to a sudden end on the night of Márai's name day in March 1944: he would always remember the family dinner that evening, the last time the extended Márai family ever gathered. The Germans, frustrated beyond tolerance by the Hungarians' temporizing, occupied the country that night and installed a puppet government. Adolf Eichmann entered shortly thereafter with his SS cohort to organize the deportation of Hungary's Jews. Márai instantly realized he'd have to take extraordinary measures to protect his wife and sister-in-law (and the latter's daughter), and they left their Budapest flat for the unoccupied house of a fellow writer in Leányfalu, a village some eighteen miles north of the city on the west bank of the Danube. Márai travelled to the Hungarian Highlands in an effort to save Lola's parents, but to no avail: they were rounded up in the Kassa ghetto and soon transported to Auschwitz, where they died.

Not only did Márai have to hide his wife, he also had to lay low himself, since his political views were now tantamount to treason. At one point, Márai was offered a safe conduct for himself and his family, ostensibly on a flight to Cairo. He refused the offer on principle, believing it his duty to remain in his homeland. Later, he found out that the supposed flight to Cairo would, in fact, have taken them to the Mauthausen concentration camp. Márai had begun to keep a secret diary the previous year; now, as he continued to write in it, he hid it under floorboards or in the attic of the village house that became their refuge. The sojourn in Leányfalu represents yet another period of exile for Márai – coinciding, this time, with a period of forced public silence. One day, a four-year-old boy showed up at their refuge, and they took him in. His name was János (John) Babocsay, and after the War the Márais adopted him.

The beginning of 1945 brought the liberation of Budapest from the German and Hungarian Nazis by the Soviet Army. *Post-war Reconstruction* Returning as soon as possible to the capital, Márai discovered that on the very last day of the terrible siege of the city, the building containing his flat had taken several direct mortar hits and been reduced to rubble. He was able to salvage a few dozen books (out of the thousands in his library) and a couple of pieces of furniture: in all, a small cartload of items. In poem 'Forty' from *Book of Verses* he sees his previous established life shattered for ever:

> The cold Star burns: wake up, O homeless one,
> A different homeland hails you; it's called Chance.
> Your head uncovered and a light coat on,
> The west wind partners you in its wild dance.
> Your bathroom's buried in the lava flow
> But the sea's calling: naked, rush into it.
> Out of the dead, accustomed patterns, go –
> Alive, step lively into the infinite.

At almost precisely the midpoint of his life's path, Márai set out on the nomad existence he'd dimly foreseen in his very first poem, written as a schoolboy thirty years earlier:

> I'll carry the past away with me into
> my new life, like a nomad's pack...

Sándor and Lola moved into a tiny basement apartment he'd bought before the war as a writer's refuge, which had survived relatively intact. He began to observe the society emerging from the ruins and soon saw that, sure enough, it was to be an alien environment. His old publisher resumed bringing out his works – he had written a play and two novels, as well as his diaries and the *Book of Verses*, amid the turmoil of the war's final years – but the critical reception of his work had changed. Even previously well-disposed colleagues like Illyés were now publicly condemning him as a "bourgeois writer". The eminent literary theorist György Lukács (1885–1971), newly returned to Hungary from Moscow in the train of the Soviet Army, made some vitriolic comments. In his diary, Márai noted that the left-wing critics were lambasting him with language identical to that used by his fascist critics just a couple of years before. Soon enough, Márai began contemplating emigration. What held him back was the fact that his existence as a writer was inextricable from his native tongue. Despite his perfect fluency in German and skill in French, he felt the course of a Joseph Conrad or Vladimir Nabokov to be closed to him. He realized that cutting himself off from his homeland would be like cutting out his own tongue. Nevertheless, he obtained a passport for a short tour of western Europe, ostensibly to report on wartime devastation and post-war reconstruction (this provided the material for his insightful volume of travel essays *The Sack of Europe*), but in fact to find out what opportunities the West might offer.

The pull of his language, however, kept him in Hungary for a few more years, until in 1948 he realized that there was no other recourse, and that the window for a safe legal exit was closing rapidly. As he put it, he could no longer remain in Hungary, because not only would he not be allowed to write as he wanted: he would also not be allowed to keep silent.

Exile to Italy

An invitation from a Swiss conference provided the pretext to apply for a passport. It is likely that the government, by now almost completely under Communist control, did not regret the possible permanent departure of one of its most prominent "class enemies". A handful of family and friends showed up at the train station to bid farewell to the three Márais: Sándor, Lola and little János.

After a short sojourn in Geneva, the family moved to Posillipo, a quarter of Naples on a peninsula at the north-west end of the Bay of Naples. There, above the supposed grave of Virgil and the ruins of the villa of Lucullus, and not far from the lair of the Cumaean Sybil, Márai made his first home in final exile for the next several years. There he found a paying position as a weekly radio columnist for Radio Free Europe's Hungarian-language broadcasts. RFE broadcast from Munich, but he was able to record his pieces on magnetic tape in a small studio in Rome, to which he'd commute weekly by train.

In this way, Márai managed to erect an aerial bridge to his homeland and his native tongue. But the bridge allowed only one-way traffic. In Hungary, Márai's works were banned, and even public mention of his name was a sanctionable offence (unless it was to censure him). For years, he had to use false return addresses in his correspondence with family and friends or in sending care packages to his impoverished, ageing mother.

Hostile Reception in Hungary

In his new environment, as congenial as any, were it not for his isolation from the Hungarian language, he continued his diaries and worked on his novels. But the first public product of his stay in Naples was his poem 'Funeral Oration', a lament about the death of the native tongue in exile. It takes, as its starting point, the oldest extant Hungarian text, a funeral oration and prayer from about 1195. This work, first published in an émigré newspaper, spread like wildfire through the global Hungarian diaspora. Márai bitterly remarked that it had become the post-war equivalent of the pre-war Hungarian hit song 'Gloomy Sunday' (exported worldwide and sung memorably by Billie Holiday, Paul Robeson and others), which had been so effectively depressing that it set off a wave of suicides in Budapest and elsewhere. Meanwhile, the Hungarian government dragooned an army of literati into castigating the poem – or crowing that even a reactionary like Márai had become impotently home-sick away from Hungary. Capping Márai's bitterness was the fact that virtually none of the papers reprinting his poem – his greatest popular success – paid him any royalties.

Move to New York

In the meantime, János was growing up. Márai, looking around at an Italian economy still reeling from the devastation of the war, realized that his son would not be likely to have reasonable career opportunities in Italy. In the early 1950s, the family obtained the needed visas (made easier by Márai's work for Radio Free Europe) and emigrated to the United States, settling in New York. Márai continued recording his weekly broadcast, this time using a studio on Broadway. The family moved into a high-rise apartment in the Upper West Side, within walking distance of The Cloisters.

Not surprisingly, Márai found the inner sanctum of the mass-consumer society uncongenial. He had also long since realized that the Hungarian émigré community provided no real home either, riven as it was by divisions along political (pre-war left-wing immigrants, some of them former communists, set against post-war right-wingers, some of them former fascists), religious, ethnic and other fault lines. Márai disdained them all and kept to a small circle of friends he felt he could trust.

Failure of Hungarian Revolution

October 1956 brought the shock of the Hungarian Revolution: a spontaneous, popular revolt against Soviet rule that seemed astonishingly successful, with the Russian Army deciding to retreat. The world held its breath for several days – until its attention was diverted southward to the Suez Canal crisis and the Anglo-Franco-Israeli invasion of the Sinai. Meanwhile, at the beginning of November, Márai boarded a plane to Munich to be able to get information on the revolution from a closer location, to broadcast more frequently from the Munich station and even – circumstances permitting – to return home to a newly liberated Hungary. By the time his plane landed in Munich, the Soviet Union had decided to reoccupy the country and suppress the revolution, which it did in short order. Desperate calls by the Hungarian gov-ernment to the West for aid went unanswered, and Márai was left in the position of having to pronounce another funeral oration.

Back in New York in December, with Christmas approaching, Márai composed the other poem of his that has entered the canon of twentieth-century Hungarian poetry. Taking the traditional Hungarian Christmas carol 'Angel from Heaven' as his incipit, he wrote a Christmas threnody for the revolution.

Time passed and young János (John) blossomed: after graduating from high school and technical college, he joined the army. Although Márai and his wife had obtained US citizenship by this point, they decided, as soon as John seemed well launched in his American life, to return to southern Italy, which in many ways had been even more congenial to them than pre-war Budapest. In 1967, they moved to Salerno, in the next great bay south of Naples. There, Márai entered perhaps the most fertile period of his exile, completing several novels, writing radio and TV plays for German broadcast and continuing his RFE columns until retirement. However, his public image continued to wane as the diaspora integrated into the host communities and the importance of Hungarian literature for émigrés began to dwindle. *Return to Italy*

As Sándor and Lola aged, their health concerns increased. By 1978, the Márais realized that it would be prudent for them to live much closer to their son. John, established in a successful career in high-tech electronics, now lived in a northern suburb of San Diego and, after a scouting expedition in 1979, the elder Márais packed up and moved to California in 1980. This would be their final home in exile. *Move to California*

Márai observed that literature, like all other creative endeavours, was gravely endangered by mass-consumer society. Fewer and fewer of the thousands of new books being published could be considered literature exhibiting the craftsmanship of the artisanal guild of writers that typified the extinct bourgeois civilization, as he relates in this entry from his 1984 diary:

> Thick bookstore catalogues, one or two every week. A thousand, ten thousand books, all of them newly published, hundreds and hundreds in every genre. The surfeit is suffocating. One must write simple declarative sentences. Or just words. And read dictionaries. Literature is dead: long live the book industry. (27th January 1984)

Readers in the former sense were also a dying breed (Márai does not spare literary critics from their share of blame for this situation), replaced by book consumers, as he notes in a 1979 entry:

Does the "reader" still exist: and if so, where? Sometimes one gets the impression that only book consumers remain – the "reader", if he still exists, is invisible. When I think I might still publish some writing, I feel it would be timely to post a classified ad with this text: "I seek a reader in good condition for my novel in preparation. Thrill-seekers should spare themselves the trouble." (*c*.25-28th June 1979)

In San Diego, Márai maintained his arm's-length relations with the émigré community. He continued his diary and rewrote several previous novels, arranging them into a pentalogy with the collective title *The Garren Family's Creation*, the work he considered his masterpiece. He no longer wrote poetry, although towards the end of his life he contemplated the idea of a final work entitled *Roger*, which he intended as an expression of gratitude for the experience of life, to be written entirely in classical hexameter. Unfortunately no manuscript exists – but it is striking that his last creative project's theme was precisely the same as that of his very first schoolboy poem.

Final Years

The final few years of Márai's life brought a series of tragedies. First he lost his youngest brother, then his sister, back in Hungary. Then he lost his middle brother, the noted film director Géza Radványi, who had worked in exile in Germany but had finally returned to Budapest. Then Lola, nearly blind, had a bad fall and broke her arm. This precipitated an inexorable decline; the diary passages recording his futile ministrations to her are some of the most heart-rending passages he ever wrote. The final blow of fate was the totally unexpected death of his son John.

However, Márai was determined not to suffer Lola's final debilitation, and on 21st February 1989 he took his own life.

The Place of Poetry in Márai's Career

Sándor Márai is best known outside Hungary for his novels, many of which have been translated into several languages (by 2009, some 242 volumes had been published by forty-five publishers in thirty-six languages, from Albanian to Vietnamese). The Hungarian-speaking world values his diaries, essays and journalism perhaps even more highly than his prose fiction. His literary career began, however, with two volumes of poetry, and though he never regarded himself as a "born" poet, he continued to write what he called his "rhythmic lines" at intervals – usually times of personal or historical crisis – throughout his life. By general consent, two of his poems, both written following his voluntary exile from Hungary, occupy a prominent position in twentieth-century Hungarian verse: 'Funeral Oration' of 1950 and 'Angel from Heaven' of 1956.

Márai was a prolific author. He published about seventy-two volumes in his life in many genres. He did this while writing weekly newspaper columns (mostly feuilletons and political and cultural journalism) from 1919 through to 1948 and preparing weekly broadcasts for Radio Free Europe from about 1949 to 1967.

Márai regarded poetry as among the highest expressions of the human mind:

The world is wondrous; nature is infinite and bountiful. God, on the seventh day, might have let his eyes wander contentedly over this miracle and justly observed that "it is good". [...] But beyond the miracle of nature there is yet more. Man gave nature something else: only humanity capped Creation with creations whose collective name is art. Ocean, valley, forest, river, plains: all these are essential. But a fugue by Bach, a poem by Rilke, a painting by Cranach or Goya, a building by Palladio, a thought of Goethe, a statue by Pheidias or Rodin: these are gifts that only humanity – alone among all living beings – added by its own will to the world's miraculous creation. And this is the only thing that counts for humanity: art. Everything else is mere existence, the rhythmic combination of the interactive relations of matter and energy. (c.20th August 1944)

The striking aspect of this passage is its choice of examples: thought, painting, sculpture, music, architecture and poetry – but not fiction. It's an astonishing omission for someone famed for his novels and essays, someone who freely admitted that his own muse spoke primarily in prose.

Márai considered poetry the finest form of literary expression and the greatest art, as shown by these diary entries of February and September 1944:

There is no greater grace for a writer than the poem – that situation where a few pointless words acquire, within the bounds of a verse, meaning beyond the conceptual. This can be neither planned nor willed. Intent and desire can only enable beautiful, snappy, noble, literary or even perfect poems – just not *true* poems. Shelley wrote 'Ode to the West Wind', and the whole thing is pointless – except for the fact that it's not possible to say more in a poem. (*c.*1st–2nd February 1944)

Poetry is the ultimate. It's greater even than music; even than life. (late September 1944)

The idea that the supreme value of poetry is inseparable from its very lack of a point occupied Márai throughout his life. In his sixth Manhattan Sonnet, written in 1961, he writes: "It all makes sense, if all's pointless at best." Of course, some of Márai's poems very much have a point, including some of his truest and greatest, such as 'Angel from Heaven'.

– Peter V. Czipott

Translators' Note

The hazards of translating poetry are too well known to be rehashed here. Let a pair of quotations suffice: the Italian proverb-pun, *traduttore: traditore* (translator: traitor) and its Hungarian version, *fordítás: ferdítés* (translation: distortion). As translators, we seek to preserve as much of the poetic cargo as possible in transporting it from Hungarian to English: form, content and affect. Yet we are aware that some of the cargo inevitably falls overboard during the crossing –and that the shipment inevitably contains some smuggled poetic contraband. All we can do is to minimize the damage to the best of our abilities.

Here's how we go about our collaborative translations. First, Peter V. Czipott types out the original Hungarian in boldface; then, in a smaller font size, not bold, a word-for-word translation – or rather, a morpheme-for-morpheme one (a calque) since the agglutinative structure of Magyar, a non-Indo-European language, is so different to English. The calque sounds un-English to a very high degree. The third line gets the content into decent English word order and syntax, and amounts to the first draft of the translated poem, though without attempting to meet formal requirements (such as meter or rhyme). Peter also annotates the

poem's formal properties as well as providing footnotes on lexi-
cal, historical or intertextual matters as needed. This is then sent
by Peter to John M. Ridland. Here's an example from 'Halotti
beszéd', on its journey to becoming 'Funeral Oration':

Hát így. *Keep smiling.* És ne kérdjed senkitől: miért?
Well/so thus. *Keep smiling.* And not ask-should-you nobody-
from: what-for?
Well, so it is. *Keep smiling.* And do not ask anyone: why?

Vagy: „Rosszabb voltam, mint ezek?…" Magyar voltál, ezért.
Or: "Worse was-I, than these?…" Hungarian were-you,
this-for.
Or: "Was I worse than these?…" You were Hungarian, that's
why.

És észt voltál, litván, román… Most hallgass és fizess.
And Estonian were-you, Lithuanian, Romanian… Now listen/
keep-silent-[imp.] and pay-[imp.].
And Estonian, and Lithuanian, Romanian… Now shut up
and pay.

Elmúltak az asztékok is. Majd csak lesz, ami lesz.
Away-passed-they the Aztecs too. Eventually only/just/simply
will-be, what will-be.
The Aztecs vanished too. At last, *che sarà sarà.*

This passage is unusual, since Márai writes the banal phrase
"Keep smiling" in English, as he found it, not seeking a
Hungarian equivalent. In addition to its enigmatic charac-
teristics (described in Tibor Fischer's foreword), it forcefully
conveys the shock of a Hungarian exile's sudden immersion
in a dominant foreign language and culture. To translate it
back into Magyar would not only baffle the English reader
but also fail to convey the shock of linguistic subservi-
ence, so we left it unchanged and injected the alienation
of a foreign language three lines later by using the Italian
equivalent of the Hungarian "*csak lesz, ami lesz.*" (Note
that these poetic decisions have already been made at the
"literal" stage of translation.) John sends back a roughly
metrical draft:

Well, so it goes. *Keep smiling.* And don't ask anyone: "Why?"
Or: "Was I worse than them?... You're Hungarian, that's why.
And Estonian, Lithuanian and Romanian. Now shut up
    and pay up.
The Aztecs vanished also. In the end, *che sarà sarà.*

The *rime riche* of the first couplet is gratuitous, and we left
it to the end, with only the change of "them" to "these". We
then hit upon a small-cap font style that would reflect (if only
weakly) the alienation of "*Keep smiling*", thus: KEEP SMILING.
The first couplet was now set, but the next one didn't rhyme.
At about the fourth draft we had dropped the unneeded "up"
("pay up" and "pay" are identical) and the word "pay" opened
the line to a great variety of rhymes. We tried:

And Estonian, Pole, Romanian. Now shut up and just pay.
The Aztecs vanished, too. Accept it, come what may.

"Pole" got in to improve the scansion (and after all, Poles
and Lithuanians share much common history), but still that
wasn't Márai's choice, so in the next draft we reinstated the
Lithuanians, even though they muddled the meter, and we
dropped "just". In the second line we brought back *che sarà
sarà*, familiar enough to English speakers from the popular
song of the 1950s. (Note that this still doesn't convey the shock
of a Hungarian dunked into an Anglophone world: given the
status of English as a global language, nothing really can do
that trick. Some of the most effective cargo has fallen irretriev-
ably overboard.) We then juggled the phrases to get the metre
back on track, and at risk of a slight redundancy, finished the
couplet with a strong long-vowelled rhyme:

And Estonian, Lithuanian and Romanian. Now shut up
    and pay.
In the end, *che sarà sarà*. The Aztecs too vanished away.

Usually we don't have three languages to contend with, but
the back-and-forth procedure has been our practice from the
beginning of our collaborations.

– John M. Ridland and Peter V. Czipott

Index of Poem Titles
in Hungarian

A delfin visszanézett	170
A Fordító Jegyzete	198
A hallgatásról is beszél	206
A hervadó világ	20
A kalandor	10
Ámen	162
Amerika	8
A múló tájak	42
Anya	14
Anyag	16
Apa	64
A pincérek ebédelnek	82
A rokon szól	34
Az ébredő isten	36
Az ég	212
Azt hiszi, szerelmes	202
Ballada egy öreg tanítónőről	32
Béke Ithakában: Elő-ének	178
Beszél életkörülményeiről	202
Boulevard	80
Cassovia	58
Credo (quia absurdum)	40
Csillag	88
Dalocska	166
Egy	98
Együgyű vers gyorsvonatban	50
Egy úrleány emlékkönyvébe	164
Elmondja, hogyan él	204
Ezt ajánlásnak szánta	200

Farkasrét	210
Felébred és nyugtalan	206
Goethe anyjának sírja	16
Halotti beszéd	174
Harminc	52
Harminc	118
Harmincegy	118
Harminchárom	120
Harminchat	122
Harminchét	122
Harminckettő	118
Harminckilenc	124
Harmincnégy	120
Harmincnyolc	122
Harmincöt	120
Három	100
Hasonlat	162
Hat	102
Hatvan	138
Hatvanegy	138
Hatvanhárom	140
Hatvanhat	142
Hatvanhét	142
Hatvankettő	138
Hatvankilenc	144
Hatvannégy	140
Hatvannyolc	142
Hatvanöt	140
Hervadó világ: ajánlás	20
Hét	102
Hetven	144
Hetvenegy	144
Hetvenkettő	146
Himnusz	168
Hol vagyok?	214
Hősköltemény a fehér egerekről	88
Husonnyolc	116
Húsz	110
Huszonegy	112
Huszonhárom	112
Huszonhat	114

Huszonhét	116
Huszonkettő	112
Huszonkilenc	116
Huszonnégy	114
Huszonöt	114
Idegen szerető	86
Júniusi reggel	78
Kassán	214
Kettő	98
Kilenc	104
Kíváncsian várom a keselyűt	76
Költő halálára	70
Leszámolás a perccel	30
Luminál	74
Magyar emberek	66
Manhattani szonettek	184
Mellportré	50
Menekülő	54
Mennyből az angyal	178
Mérleg	12
Mikó utca	70
Mindenfélét ígér	202
Monológ	4
Négy	100
Negyven	124
Negyvenegy	124
Negyvenhárom	126
Negyvenhat	128
Negyvenhét	128
Negyvenkettő	126
Negyvenkilenc	130
Negyvennégy	126
Negyvennyolc	130
Negyvenöt	128
Nem csekélység: leküzdi gőgjét	204
Nyolc	102
...öregen, őszen és agársoványan	192
Ősök	26
Öt	100
Ötven	130
Ötvenegy	132

Ötvenhárom	132
Ötvenhat	134
Ötvenhét	136
Ötvenkettő	132
Ötvenkilenc	136
Ötvennégy	134
Ötvennyolc	136
Ötvenöt	134
Panaszkodik a vidéki életre	200
Próféta	30
Sarjak	28
Szentimentalitás	18
Szorzat	194
Tanú vagyok rá	46
Tegezés	164
Tíz	104
Tizenegy	104
Tizenhárom	106
Tizenhat	108
Tizenhét	108
Tizenkettő	106
Tizenkilenc	110
Tizennégy	106
Tizennyolc	110
Tizenöt	108
Tüneménynek nevezi	204
Ujjgyakorlat	152
Vetkőző	68
Virágének	72
Zsoltár	16

ALMA CLASSICS

ALMA CLASSICS aims to publish mainstream and lesser-known European classics in an innovative and striking way, while employing the highest editorial and production standards. By way of a unique approach the range offers much more, both visually and textually, than readers have come to expect from contemporary classics publishing.

LATEST TITLES PUBLISHED BY ALMA CLASSICS

185. Ivan Turgenev, *Faust*
186. Virginia Woolf, *Mrs Dalloway*
187. Paul Scarron, *Roman Comique*
188. Sergei Dovlatov, *Pushkin Hills*
189. F. Scott Fitzgerald, *This Side of Paradise*
190. Alexander Pushkin, *Complete Lyrical Poems*
191. Luigi Pirandello, *Plays Vol. 2*
192. Ivan Turgenev, *Rudin*
193. Raymond Radiguet, *Cheeks on Fire*
194. Vladimir Odoevsky, *Two Days in the Life of the Terrestrial Globe*
195. Copi, *Four Plays*
196. Iginio Ugo Tarchetti, *Fantastic Tales*
197. Louis-Ferdinand Céline, *London Bridge*
198. Mikhail Bulgakov, *The White Guard*
199. George Bernard Shaw, *The Intelligent Woman's Guide*
200. Charles Dickens, *Supernatural Short Stories*
201. Dante Alighieri, *The Divine Comedy*
202 Marquis de Sade, *Incest*
203 Fyodor Dostoevsky, *The Double*
204 Alexander Pushkin, *Love Poems*
205 Charles Dickens, *Poems*
206 Mikhail Bulgakov, *Diaries and Selected Letters*
207 F. Scott Fitzgerald, *Tales of the Jazz Age*
208 F. Scott Fitgerald, *All the Sad Young Men*
209 Giuseppe T. di Lampedusa, *Childhood Memories and Other Stories*
210 Mark Twain, *Is Shakespeare Dead?*
211 Xavier de Maistre, *Journey around My Room*
212 Émile Zola, *The Dream*
213 Ivan Turgenev, *Smoke*
214 Marcel Proust, *Pleasures and Days*
215 Anatole France, *The Gods Want Blood*
216 F. Scott Fitzgerald, *The Last Tycoon*
217 Gustave Flaubert, *Memoirs of a Madman* and *November*
218 Edmondo De Amicis, *Memories of London*
219 E.T.A. Hoffmann, *The Sandman*
220 Sándor Márai, *The Withering World*
221 François Villon, *The Testament and Other Poems*
222 Arthur Conan Doyle, *Tales of Twilight and the Unseen*

www.almaclassics.com